# 人民至上

伟大建党精神

主编 颜晓峰

卢亮亮 编著

品格

CIPG | China Foreign Languages Publishing Administration 中国外文出版发行事业局

外文出版社 FOREIGN LANGUAGES PRESS

图书在版编目（CIP）数据

品格・人民至上 / 颜晓峰主编. -- 北京 ： 外文出版社，2024.1
（伟大建党精神）
ISBN 978-7-119-13399-7

Ⅰ. ①品… Ⅱ. ①颜… Ⅲ. ①中国共产党—党的建设—学习参考资料 Ⅳ. ①D26

中国国家版本馆 CIP 数据核字(2023)第 202937 号

出版指导：杨春燕
责任编辑：曹晓娟
图片提供：视觉中国　黎　民　吴　雍　孔兰平　范南丹
封面设计：婉　婉
内文设计：一瓢文化・邱特聪
印刷监制：秦　蒙

**品格・人民至上**

颜晓峰　主编
卢亮亮　编著



出 版 人：胡开敏
出版发行：外文出版社有限责任公司
地　　址：北京市西城区百万庄大街 24 号　邮政编码：100037
网　　址：http://www.flp.com.cn　电子邮箱：flp@cipg.org.cn
电　　话：008610-68320579（总编室）　008610-68996064（编辑部）
008610-68995852（发行部）　008610-68996183（投稿电话）
印　　刷：文畅阁印刷有限公司
经　　销：新华书店 / 外文书店
开　　本：787mm×1092mm　1/16
字　　数：150 千
印　　张：9
版　　次：2024 年 1 月第 1 版第 1 次印刷
书　　号：ISBN 978-7-119-13399-7
定　　价：48.00 元

# 总序

# 伟大建党精神与党的精神历程

100多年前，中国共产党的成立，是开天辟地的大事变。从此，中国人民和中华民族有了马克思主义政党，有了“两个先锋队”。建党不仅是纲领、组织、思想上建党，而且也是精神上建党。习近平总书记经过多年深邃思考，在庆祝中国共产党成立100周年大会上的重要讲话中，首次明确提出“伟大建党精神”的重要范畴，科学提炼伟大建党精神32字的丰富内涵，精辟阐述伟大建党精神的重大意义。伟大建党精神，是党的精神历程的灵魂和主线，是党的百年乃至党的新征程的深厚精神之根、强大精神动力、基本精神准则。

## 伟大建党精神是建党时代的一面镜子和一束光芒

精神是历史的产物、时代的映照、实践的反映。伟大建党精神，即“坚持真理、坚守理想，践行初心、担当使命，不怕牺牲、英勇斗争，对党忠诚、不负人民”[1]，是中国近代以来特别是俄国十月革命和我国五四运动后历史进程的产物，是世界革命和中国革命时代大潮的映照，是中国先进分子举起社会主义旗帜实现民族复兴实践变革的反映。

一个时代有一个时代的精神气质。伟大建党精神并不仅仅是抽象的范畴，而是鲜明地显示了建党时代的时代精神、民族脉搏、人民呼唤和志士理想。伟大建党精神是苦难深重的中国觉醒的知识分子和先进分子追求民族复兴、救国救民的精神体现，是处于悲惨境地中国人民求翻身、求解放强烈愿望的精神体现，是新生的中国工人阶级作为先进阶级建立新社会的精神体现，是解决中国人民同“三座大山”的对抗性矛盾，呼唤战士、勇士、烈士的精神体现。

建党时代的中国，迫切需要民族的觉醒、人民的觉悟，伟大建党精神正是民族觉醒的光芒照射、民族觉悟的光芒闪耀，是“长夜难明赤县天”的一道道闪电。伟大建党精神是黑暗中带来光明的精神之光，建党的先驱们就是中华民族的光明使者。伟大建党精神是绝望中涌现希望的精神之光，表明只有社会主义才是中华民族的希望，只有在中国共产党领导下进行中国革命才能让希望成真。伟大建党精神是革命中挺立先锋的精神之光，激励了中华民族的无数优秀分子，为

---

1 习近平：《在庆祝中国共产党成立100周年大会上的讲话》，载《求是》2021年第14期。

了人民幸福、民族复兴英勇奋斗。伟大建党精神是压迫中激发力量的精神之光，是给全民族全体人民带来勇气、意志和力量的精神动力，是凝聚广大群众奋起反抗、投身革命的精神旗帜。

**伟大建党精神是中国共产党人精神谱系的红色基因和贯通血脉**

习近平总书记在党史学习教育动员大会上的重要讲话中，明确提出了“中国共产党人的精神谱系”这一重要范畴，党的精神谱系是党的精神发展史的形象表述。党的精神谱系有着一系列重大精神成果，构成了红色文化、革命文化的宝贵结晶，伟大建党精神是党的精神之源。这个“源”就是党的精神谱系的红色基因，就是贯通党的一系列重大精神成果的共同血脉，基因强大、血脉强劲。

伟大建党精神集中体现了党的性质宗旨，全面塑造了党的政治本色，构成了党的精神谱系的红色基因。从建党时起，坚持真理、坚守理想就成为党的红色基因，要求全体共产党人坚定信仰马克思主义、共产主义。从石库门到红船，党的一大立下了党的初心和使命，这是伟大建党精神的核心。践行初心、担当使命，就是以人民幸福、民族复兴为己任、为事业、为使命，做真正的革命者。“要奋斗就会有牺牲”，要胜利就必须英勇斗争，从建党时起就要抱定这样的信念和准备。不怕牺牲、英勇斗争，是伟大建党精神中极为重要的品质。中国革命的艰险是罕见的、胜利是伟大的，这是依靠无数共产党人和革命群众付出巨大牺牲、坚持不懈斗争得来的。对党忠诚、不负人民，规定了党员与党、党与人民的根本关系。对党忠诚，就是不能在党的目标之外牟取私利，不能背叛党的事业。不负人民，就是全心全意为人民服务，一切从人民利益出发，不断为民造福，为人民利益坚持真理、纠正错误。

伟大建党精神是党的精神源头，源源不断流入了中国共产党人的精神谱系之中，贯通于党的精神历史之中。一是贯通于每段历史时期。党的百年波澜壮阔，经历了不同历史时期，伟大建党精神在每个历史时期都有其具体精神成果，是贯穿党的精神历程的总精神。二是贯通于每个精神成果。以伟大建党精神为起点，一代又一代中国共产党人顽强拼搏、不懈奋斗，先后形成了一系列伟大精神，构筑起了中国共产党人的精神谱系。伟大建党精神蕴含着中国共产党人的精神谱系的红色基因，是贯通中国共产党所有精神成果的共同精神品格。三是贯通于每种精神品质。党的精神成果都有特定的内涵和表述，都闪耀着共产党人的精神品质。分析这些精神成果的内涵表述，透视共产党人丰富的感人精神品质，可以看出，都与伟大建党精神有着密不可分的渊源关系，都是伟大建党精神的具体实现，伟大建党精神是贯穿党的每种精神品质的总精神。

## 伟大建党精神是中国共产党人精神世界的源头活水和根本旨归

伟大建党精神是由为数不多的共产党人创立的，但却影响广泛而深远，在一代代共产党人的精神血脉中传承和弘扬，深深融入党和党员的精神世界之中，每个共产党人的心中都装着一批伟大建党精神的杰出人物代表，都铭记着伟大建党精神的基本要求。每个共产党人都有自己的精神生活和精神世界，但都要受伟大建党精神的引领和支配。

党的百年历程，无数中华民族的先进分子加入中国共产党，一代代共产党人为党的事业而奋斗牺牲，伟大建党精神及党的伟大精神熏陶和塑造着上亿的共产党人。一是伟大建党精神教育党员一生一世。每个共产党员都是在入党前接受了党的思想教育，拥护党的纲领，遵守党的章程，志愿加入中国共产党的。每个党员在入党后，在党的集中教育和经常性教育中，在教育活动和自我教育中，都以不同方式、在不同程度上接受着伟大建党精神以及党的伟大精神的教育。二是伟大建党精神辐射党员标准准则。作为一名中国共产党党员，就必须严格按照党章的要求，遵守党章规定的有关标准准则。可以说，伟大建党精神是党员标准准则的根据、统领和主脉。每个共产党员坚持党员准则、贯彻党员标准、履行党员义务的过程，就是践行伟大建党精神的过程。三是伟大建党精神融入革命烈士、英雄人物、先进模范的事迹之中。伟大建党精神，在一代又一代中国共产党人身上继承发扬，特别是在无数视死如归的革命烈士、顽强奋斗的英雄人物、忘我奉献的先进模范身上得到集中体现。

无论每个共产党员的精神生活如何个性鲜明，但都要有一个根本旨归，这就是伟大建党精神。一是党员精神生活要与党的伟大精神保持一致。只要成为一名党员，就要时时处处自觉用党员标准要求自己，用党的伟大精神塑造自己，不仅组织上入党，而且更要思想上入党、精神上入党。二是党员个性要与党性保持统一。党性是对所有党员的基本要求和共同要求，每个党员都要坚持党性原则、坚守党性精神，做到个性服从党性，而不能让党性服从个性。伟大建党精神是党性的集中体现，坚持党性就要坚持伟大建党精神。从根本上说，伟大建党精神与党员精神生活并不矛盾，伟大建党精神是能够在广大党员的精神生活中得到实现的，广大党员丰富多样的精神生活是在伟大建党精神的统领下展开的。

天津大学马克思学院院长　颜晓峰

2023 年 5 月于北京

# 前 言

一百多年来，中国共产党为什么能够领导人民战胜一个又一个艰难险阻、绝处逢生，取得一个又一个伟大成就、彪炳史册？秘诀就在于：千千万万党员对党无限忠诚，使党历经千锤百炼仍朝气蓬勃，伟大的党不负伟大人民，才能得到人民群众的衷心支持和拥护。对党忠诚、不负人民作为伟大建党精神的重要内容之一，不仅是党的百年奋斗历程的最好证明，而且是中国共产党人首要的政治品质和鲜明的崇高情怀。

“对党忠诚，积极工作，为共产主义奋斗终身，随时准备为党和人民牺牲一切，永不叛党。”这是入党誓词的重要内容。对党忠诚是绝对的、唯一的、彻底的，不讲条件、不掺杂质、不打折扣。对党忠诚也是具体的而不是抽象的，体现在始终牢记自己的第一身份是共产党员、第一职责是为党工作，忠于党的信仰、遵守党的纪律、服从党的决定、与党同心同德，矢志不渝。党的根基、血脉、力量在人民，为人民而生、为人民而兴是党的初心使命的集中体现。习近平总书记强调，“中国共产党始终代表最广大人民根本利益，与人民休戚与共、生死相依，没有任何自己特殊的利益，从来不代表任何利益集团、任何权势团体、任何特权阶层的利益。”不负人民，必须始终站稳人民立场，尊重人民的主体地位和首创精神，把为中国人民谋幸福作为根本使命，把实现好、维护好、发展好最广大人民根本利益作为一切工作的出发点和落脚点。

将崇高的理想信念锤炼为坚定的政治品格，坚定的政治品格转化为对党忠诚、不负人民的具体行动，展现在我们面前的是一幅幅用血汗和生命绘就的绚丽画卷。

1927年5月9日，中国共产党第五次全国代表大会选举产生了党的历史上第一个中央纪律检查机构——中央监察委员会，十名监委坚持斗争，用鲜血和生命诠释了“对党忠诚”和“使命光荣”的革命精神。

毛泽民，中国共产党早期坚贞不屈的“红色大管家”，掌握“钱袋子”却一生廉洁、一心为民，无愧于党。

杨靖宇，以“腹中满是草根而宁死不屈的气节”战斗至生命的最后一刻，在白山黑水间铸忠魂。

焦裕禄，全国县委书记的榜样，他坚定不移跟党走，心中装着全体人民，唯独没有他自己。他在生前严格要求自己和家人，任何时候都不搞特殊化，在临终前嘱咐妻子：我死后再苦再难也不要伸手向组织上要补助、要救济。你要把孩子们教育成为革命接班人。

杨善洲把“老老实实做人，踏踏实实做事。我不图名，不图利，图的是老百姓说没白给我公粮吃”这句话挂在嘴边，以深厚的人民情怀和高超的工作能力兑现了“全心全意为人民服务”的根本宗旨。

申纪兰被誉为人大制度“活化石”，在她 65 年的人大代表生涯中，始终坚守“当人大代表，就要代表人民，代表人民说话，代表人民办事”的信念和原则。

邹碧华，新时期公正为民的好法官，将自己融入到人民中，融入祖国的法治中，甘当司法体制改革的“燃灯者”，用生命兑现了“无我，党的事业不朽，如是我心”的承诺。

毛相林、白晶莹、刘虎、张桂梅、赵亚夫、黄文秀等共同组成了脱贫攻坚群英谱，他们以“小石子”的毅力把鲜红的党旗插在脱贫攻坚主战场，用汗水和热血兑现了“全面小康一个都不能少”的承诺。

他们是各个历史时期各条战线上千千万万党员的杰出代表。不同的年代，一样的奉献；不同的岗位，一样的坚守；不同的角色，一样的忠诚为民。

一百多年不懈奋斗，一代代中国共产党人勇毅前行，一大批视死如归的革命烈士、一大批顽强奋斗的英雄人物、一大批忘我奉献的先进模范都是我们团结奋斗的学习榜样和精神力量。无论时代如何变迁，正是由于他们的坚守和传承，伟大建党精神才永不褪色、熠熠生辉，以伟大建党精神为源头的中国共产党人的精神谱系才源远流长、历久弥新。

# 目录

**第三章**

## 我将无我 不负人民

入党誓词，字字千钧

历经沧桑而初心不改，饱经风霜而本色依旧

坚定政治信仰，站稳政治立场

# 第一章

# 忠诚党的事业
# 不负为民初心

习近平在庆祝中国共产党成立100周年大会上的讲话中指出:“一百年前,中国共产党的先驱们创建了中国共产党,形成了坚持真理、坚守理想,践行初心、担当使命,不怕牺牲、英勇斗争,对党忠诚、不负人民的伟大建党精神,这是中国共产党的精神之源。”

## 第一节

# 入党誓词，字字千钧

我们相信，每一名共产党员都有过这样庄重的入党宣誓时刻：站在鲜红的党旗下，面对党旗举起右拳，跟随领誓人向党旗庄严宣誓，“我志愿加入中国共产党，拥护党的纲领，遵守党的章程，履行党员义务，执行党的决定，严守党的纪律，保守党的秘密，对党忠诚，积极工作，为共产主义奋斗终身，随时准备为党和人民牺牲一切，永不叛党。”这一刻，你可能紧张、激动，也可能满脸通红、手心出汗，这是终生难忘的时刻。

入党宣誓活动虽然时间简短，但却触动灵魂，意义深刻，令每一位在场的共产党员都心潮澎湃、热血沸腾，急切地将这一人生精彩时刻的每一帧、每一秒都迅速存储，好好保存。以至于若干年后，许多共产党员在回顾这一场景时，总是按捺不住当初内心的那份激动和兴奋，激发起对党的深厚感情。

这份入党誓词共 12 句话，80 个字，但却字字千钧，蕴涵深邃。它不仅涵盖了党的纲领、党的章程、党规党纪、党员义务、党的宗旨和奋斗目标等内容，还明确了党员的政治信仰、道德操守、应尽义务，这是党员的一份责任书、军令状。相较于中国共产党一百多年来的曲折发展历史，入党誓词的发展和确立，也随着党所处的时代环境和每一时期的中心任务而经历了一个变迁过程，直到 1982 年 9 月，党的十二大通过的《中国共产党章程》第一次明确了入党誓词的内容。

入党誓词首先反映的是一份庄严的政治承诺。这份承诺是一名党员政治生命的开始，一次入党，一心爱党，一生为党，永不叛党，这是一个中国共产党员的忠诚。回顾百年党史，那些忠肝义胆、千斤重担压不垮的共产党人，用鲜血和生命铸就了对党忠诚、永不叛党的精神品格。对于每一名共产党员而言，既然做出了这份政治选择，立下了这份政治承诺，就要严格按照检验标准接受党组织的考验。检验党员干部是不是对党忠诚，有着严格的标准：在革命年代，要看能不能为党和人民事业冲锋陷阵、舍生忘死；在和平时期，就要看能不能坚决贯彻执行党的理论和路线方针政策，不折不扣把党中央决策部署落到实处，实现好、发展好、维护好最广大人民群众的根本利益。

入党誓词反映的是一颗滚烫的为民初心。中国共产党来自人民、以人民为靠山，扎根人民、以人民为父母，为人民利益而奋斗，这是一个共产党员的担当。近代以来，中国共产党与中国人民的命运紧紧连在一起，没有中国共产党，中国人民就不能够组织起来，为了自己的利益而奋斗，没有中国人民，中国共产党就不能够扎根大地，在民族独立和人民解放历史征程中披肝沥胆、一往无前。因此，这颗为民初心就是中国共产党人的基因和生命力、目标和奋斗力。坚持人民至上、践行党的宗旨，牢固树立以人民为中心的发展思想，不断提高人民群众的获得感、幸福感、安全感、满意度。

入党誓词最终反映的是共产党员一生坚守的岗位职责。踏踏实实做好本职工作，将爱岗敬业、诚实守信、办事公道、服务群众、奉献社会的基本行为准则落实到对党忠诚、不负人民的全过程。一个能够把本职工作做得非常好的共产党员，即是忠于职守、尽职尽责、乐于奉献的典范。也正是有了千千万万坚守岗位职责的共产党员，才筑起了中国特色社会主义事业的高楼大厦，全社会各行各业才会蓬勃发展，才能不断满足人民群众的美好生活需要。

## 牢记自己的第一身份是共产党员

我是谁，是一个什么样的人？“身份”一词是标识个体差异、指代自身特征、确定与他人关系以及相应的思想行为准则的标志。从本质上来讲，这是一个人的基本社会属性，通常与权利、义务相关联。一个人从出生开始，就获得了多重身份，既有家庭身份，又有社会身份，并且随着个体的成长和参与经济社会活动的扩大，还将获得多重累加的身份。《中国共产党章程》中规定："年满十八岁的中国工人、农民、军人、知识分子和其他社会阶层的先进分子，承认党的纲领和章程，愿意参加党的一个组织并在其中积极工作、执行党的决议和按期交纳党费的，可以申请加入中国共产党。"因此，一个人加入中国共产党即获得了"共产党员"的身份，"获得了由身份所赋予的生命意义与人生价值，实现了作为政党成员、民族共同体成员以及作为个体生命的身份合一"。这一政治身份便是一种制度化的身份，其上承载着中国共产党的性质、宗旨和奋斗目标。

党的十八大以来，习近平总书记多次强调："全党同志要强化党的意识，牢记自己的第一身份是共产党员，第一职责是为党工作，做到忠诚于组织，任何时候都与党同心同德。"只有明确了自己的第一身份，才能知道"我是谁？"，以及党员身份所内含的权利和义务、责任和担当，才能树立起正确的角色观和坚定的身份认同，并将之转化为具有行动意义和改造作用的政治信念与政治行动。在人的一生中，一个人可能会获得新的身份，也可能会丧失旧的身份，无论是主动的还是被动的，主观的还是客观的，共产党员的身份一

链接

**中国共产党党证**

毛边纸质地，黑黄色，长方形，共4页。正面自左至右印有“全世界无产阶级联合起来”，中间有一行相对的箭头。下面印有“中国共产党党证”竖行，正中有一枚红印章，下面印有“第033486号”。后面印有中国共产党十大政纲，封底是五星和镰刀斧头的党徽。内印有党员基本情况登记表和党费缴纳登记表。

党证见证了中国共产党的发展历程，对早期党的组织、纲领等方面的研究具有较高的史料价值。

旦获得便终生拥有，除非你被开除党籍。当然，这是许多人所不想看到的。那么必须始终牢记自己的第一身份是共产党员，第一职责是为党工作，以高度的自觉性践行中国共产党人的初心和使命。

党员身份不是与生俱来的，也不是哪个人所赋予的、赠送的，更不是天上掉下来的、轻轻松松就能得到的。战争年代，革命先驱们冒着生命危险，在隆隆的炮火中加入共产党，抛头颅、洒热血，夺取革命战争的胜利，这是一种“责任”和荣耀。和平时期，各行各业的先进分子在社会主义现代化建设中脚踏实地、埋头苦干，成为一名共产党员，意味着要用奋斗精神推进中国特色社会主义事业蒸蒸日上，这是一种精神和追求。正是一代又一代共产党人坚定理想信念、砥砺前行，才让“共产党员”身份具有永不褪色、历久弥新的坚固底色。

对于中国共产党人而言，一名党员就是一面旗帜，在日常生产、工作、学习和社会生活中要始终发挥先锋模范作用。与此同时，每名党员都是劳动人民的普通一员，在人民面前要有恭敬之心、倾听之态、服务之举，老老实实做人，踏踏实实做事，不图名，不图利，只要求自己对得起共产党员的身份。这意味着，党员身份不是一时的表现，而是一辈子对初心和使命的坚守。我们也会看到，有少数党员背弃了党的初心和使命，或用党员身份“装点门面”，或把党员身份当作“敲门砖”，或以党员身份谋取私利和特权。这些徒有虚名、给党员身份抹黑、让党员身份失色的共产党员，严重损害了党的形象。中国共产党这支队伍真正需要的是始终忠于党的信仰、不断擦亮共产党员身份的人，不让信仰淡化、不让誓言蒙尘、不让身份跌价，永葆共产党员的先进性和纯洁性。

## 全心全意为人民服务

正如歌曲《江山》所唱的那样，“老百姓是地，老百姓是天，老百姓是共产党永远的挂念；老百姓是山，老百姓是海，老百姓是共产党生命的源泉。”中国共产党把人民托在头顶，把人民装在心间，视人民为生命和力量的源泉，践行为人民服务的根本宗旨，不断满足人民群众过上美好生活的新期待。显然，在中国共产党的全部发展历史中，全心全意

链接

江山，自古就是政权的形象表达，而今有了新的内涵。

2022 年 10 月 27 日，党的二十大闭幕后，习近平总书记来到延安，他说道：“中国共产党是人民的党，是为人民服务的党，共产党当家就是要为老百姓办事，把老百姓的事情办好。”

一程程回望来路，一次次宣示“人民的党”“老百姓的党”……循着掷地有声的话语穿越时光隧道，只有走过风雨百年的中国共产党，才能真正带领人民成为江山的主人。

江山属于人民，江山冠以人民。

为人民服务的宗旨赋予了共产党员以新的身份标识和责任担当，那便是人民公仆、人民的勤务员，这一角色是要给老百姓做事的。

来自人民、依靠人民、为了人民，是一百多年来中国共产党的发展逻辑和胜利密码。无论是以“敢叫日月换新天”的精神气概夺取革命战争胜利，还是在一穷二白的土地上建设社会主义，还是推进改革开放和社会主义现代化建设事业，无不体现了坚持以人民为中心，立党为公、执政为民的发展思想，并将之贯彻到治国理政全部活动之中。

中国共产党既是一个为绝大多数人谋利益的党，也是一个全心全意为人民服务的党，这集中体现在党与人民一体同心、休戚与共、生死相依，始终为人民利益和美好生活而奋斗。全心全意为人民服务就要把人民放在心中最高位置，代表最广大人民的根本利益。《中国共产党章程》明确规定，“党除了工人阶级和最广大人民群众的利益，没有自己的特殊的利益。”这既表明了中国共产党是无产阶级政党的阶级属性，又从根本上要求所有共产党员不得谋求任何私利和特权，这就能够最大限度地保证共产党员是全心全意而不是三心二意、更不是夹杂着自己私利的政党。为此，党的路线方针政策和各项工作都必须从最广大人民的根本利益出发，有利的坚持去做，不利的坚决反对，让人民群众既看得见迎风飘展的旗帜，又感受到实实在在的利益。

中国共产党发动、组织、领导人民进行革命、建设和改革事业，就是要使中国人民从半殖民地半封建的枷锁中解放出来，自己当家做主。人民代表大会制度、中国共产党领导的多党合作和政治协商制度、民族区域自治制度、基层群众自治制度等基本政治制度，构成了具有中国特色的人民当家做主的制度体系。这是人民民主的真实体现，既根植于中国历史文化，又彰显了马克思主义理论的科学真谛，是适合本国国情、人民衷心拥护，具有广阔发展前景，能够为人类进步事业做出贡献的制度形式。在政治、经济、文化、社会发展的诸多领域，人民享有广泛充分、真实具体、有效管用的民主实现形式，依法享有广泛的权利和自由。

“人民对美好生活的向往就是我们的奋斗目标。”中国共产党打江山、守江山都是为了一个朴素且现实的愿望——让人民过上好日子。为了人民的美好生活需要，千千万万的共产党员用实际行动将愿望变为现实，赢得了最广大人民群众的衷心拥护和支持。且看今日的中国，城市繁华时尚，乡村和谐美丽，人民生活全面小康，精神面貌意气风发，社会安定有序，发展日新月异……但是这些还不够，在完成脱贫攻坚、全面建成小康社会的历史任务，实现第一个百年奋斗目标的同时，如今中国共产党又团结带领全国各族人民踏上全面建成社会主义现代化强国新征程，继续奋斗，以中国式现代化全面推进中华民族伟大复兴，到 21 世纪中叶实现第二个百年奋斗目标。

## 第二节

# 历经沧桑而初心不改，饱经风霜而本色依旧

“对党忠诚、不负人民”的伟大建党精神彰显了中国共产党人对马克思主义信仰、对共产主义和社会主义信念的深厚底色，体现了忠于党和人民，把党的性质和宗旨转化为全心全意为人民服务的精气神。让伟大建党精神融入血脉，让红色精神血脉贯通全身，并转化为自觉的实际行动，中国共产党人便拥有了强大的人格力量。这份人格力量既是党的光荣传统和优良作风的集中体现，又表现为中国共产党人的信仰、气质、品德和能力。

百年党史赓续延绵，建党精神一以贯之。在伟大建党精神的滋养下，一代又一代、一批又一批具有坚定信仰底色和崇高精神的中国共产党人不断涌现，他们视死如归，顽强奋斗，他们不畏强敌，敢于斗争，他们忘我奉献，成为这个先锋队政党中最耀眼的星。“从容走向绞刑架”的李大钊，“愿化作震碎旧世界的惊雷”的张太雷，“孤身奋战到死不变节”

的杨靖宇，“用生命谱写为人民服务”的张思德，“任何时候都不搞特殊化”的焦裕禄，“绝不占公家一丁便宜”的杨善洲，“深藏功与名，为党守本色”的张富清，“新时期公正为民的好法官”邹碧华，“一辈子对党忠诚老实”的周智夫，等等。这些最耀眼的共产党员勇立时代潮头，不改其心、不移其志、不毁其节，用汗水、血水和生命兑现了“对党忠诚、不负人民”的诺言。虽然他们中的有些人已经离开了我们，但是他们的精神震古烁今、照耀长空、激励后人。他们中的有些人还陪伴在我们身旁，成为与时代同行、与你我同行的精神符号。

用“对党忠诚、不负人民”伟大建党精神铸就的当代中国共产党人应该是什么样子的，他们有着怎样的信仰底色、精神气质和实际行动？他们坚定理想信念，是共产主义远大理想和中国特色社会主义共同理想的坚定信仰者和忠实实践者。他们自觉在思想上、政治上、行动上同党中央保持高度一致，坚决响应党中央号召，坚决执行党中央决定，坚决不做党中央所禁止的事情。他们坚定执行党在社会主义初级阶段的基本路线，推进理论创新、实践创新、制度创新、文化创新和其他各方面创新，不断提高发展质量和水平。他们与人民群众感情真挚、永远共情，将全心全意为人民服务的根本宗旨落实到为群众办实事、解难事的过程中，当好人民勤务员。他们爱岗敬业，按照规则正确行使党和人民赋予的权

链接

第一批纳入中国共产党人精神谱系的伟大精神是：建党精神；井冈山精神、苏区精神、长征精神、遵义会议精神、延安精神、抗战精神、红岩精神、西柏坡精神、照金精神、东北抗联精神、南泥湾精神、太行精神（吕梁精神）、大别山精神、沂蒙精神、老区精神、张思德精神；抗美援朝精神、“两弹一星”精神、雷锋精神、焦裕禄精神、大庆精神（铁人精神）、红旗渠精神、北大荒精神、塞罕坝精神、“两路”精神、老西藏精神（孔繁森精神）、西迁精神、王杰精神；改革开放精神、特区精神、抗洪精神、抗击“非典”精神、抗震救灾精神、载人航天精神、劳模精神（劳动精神、工匠精神）、青藏铁路精神、女排精神；脱贫攻坚精神、抗疫精神、“三牛”精神、科学家精神、企业家精神、探月精神、新时代北斗精神、丝路精神。

这些精神，集中彰显了中华民族和中国人民长期以来形成的伟大创造精神、伟大奋斗精神、伟大团结精神、伟大梦想精神，彰显了一代又一代中国共产党人“为有牺牲多壮志，敢教日月换新天”的奋斗精神。

力，踏实做好本职工作，尽心履行工作职责。他们加强自律，慎独慎初慎微慎友，不仅自觉检查和及时纠正在行使权力、廉政勤政方面存在的问题，而且注意教育和管理好亲属和身边工作人员。总之，他们在胜利时不骄傲，在顺境中不自满，在困难时不消沉，在逆境中不动摇，用忠诚于党的信仰、不负人民的挚爱经受住了前进道路上的各种风险挑战，永葆共产党人的政治本色，勇扛伟大时代赋予的责任。

一个人若无信仰支撑，便无立身之本；一个人若无精神气质，便会思想迷茫，行动怯懦，断无可成之事。中国共产党人秉持“组织入党一生一次，思想入党一生一世”的理念，用伟大建党精神铸就共产党人的钢筋铁骨，经受大是大非考验、错误思潮考验、繁重工作考验、权色名利考验……其实，人的信仰与精神就是一个人的价值和道德堤坝，如果不注重跑冒滴漏这些小问题，那么迟早会塌堤破防。

## 塑造中国共产党人砥砺前行的革命意志

革命理想高如天，革命意志坚如铁。理想信念之火一经点燃，就会淬炼出坚如磐石的革命意志，闪耀出火热且催人奋进的耀眼光芒。显然，“对党忠诚、不负人民”伟大建党精神塑造了中国共产党人坚强的革命意志，坚强的革命意志来自坚定的理想信念，并外化为不畏强敌、不惧风险、敢

1950 年，中国人民志愿军雄赳赳气昂昂跨过鸭绿江。图为中国人民志愿军从丹东和集安渡过鸭绿江赴朝作战时的情形

于斗争、勇于胜利的英雄气质。中国共产党人的革命事业不可能一帆风顺，各种风险挑战和艰难险阻横亘在前进的道路上，如果没有坚强的革命意志和乐观的革命主义精神，就不可能跨过大山大河、深沟险壑，更不可能坚守初心和使命，永葆革命本色，书写出百年大党和中华民族的千秋伟业。

回望中国共产党的百年奋斗历程就能发现，漫漫奋斗路，唯有坚强革命意志的人才有希望生存下来，才能达到光辉的顶点，在中国共产党历史和新中国历史上留下浓墨重彩的一笔，引后来者景仰和随行。而那些怯懦者、背叛者及中途离场者，只能消失在历史的烟云中，或被唾弃，或被忘怀，或引后人一阵阵叹息。我们必须有我们的价值判断和政治立场，对党忠诚，服务人民，光明磊落，做老实人，不当“两面人”，而对于那些分裂主义者、分散主义者、自由主义者、意志不坚定者、背离人民者，要自觉防范和反对，在关键时刻要主动坚决开展斗争。

坚强革命意志和高度的责任担当是紧密相连、相辅相成的。一方面，思想意识是革命行动的前奏和基础，同理，只有坚强的革命意志才能产生高度的责任担当，用高度的责任担当、实际的革命行动来宣扬坚强的革命意志、共产主义必胜的科学真理。另一方面，革命行动需要坚强革命意志的指导和支撑，革命意志淡薄、奋斗精神弱化，那么革命行动就不坚定、不坚决，也不可能取得革命胜利成果，进而取得的革命胜利成果也不牢固，也会丧失掉。因此，越是在危急关头和艰难时刻，越能检验出一个共产党员的革命意志。

“对党忠诚、不负人民”的伟大建党精神在塑造中国共产党人砥砺前行的革命意志、高度责任担当的同时，还表现为崇高的革命乐观主义精神。这一精神不仅是中国共产党人坚强革命意志、饱满精神状态的生动写照，而且是防止精神懈怠和防止腐化堕落的一剂良药，从而保证这支先锋队以蓬勃朝气始终勇立潮头，奋力搏击。在血与火的革命战争年代，老一辈革命家和无数革命先烈的革命乐观主义精神既激励自己坚韧不拔、顽强斗争，又鼓舞和引领后来者乐观奋进、奋发图强，成为战胜苦难的强大精神动力。从他们书写的诗词、书信和表述中可以一探端倪：夏明翰在就义前写下了“砍头不要紧，只要主义真；杀了夏明翰，还有后来人。”的诗篇；毛泽东在长征期间写下了“红军不怕远征难，万水千山只等闲。五岭逶迤腾细浪，乌蒙磅礴走泥丸。金沙水拍云崖暖，大渡桥横铁索寒。更喜岷山千里雪，三军过后尽开颜。”的诗篇；壮烈牺牲在抗美援朝战场上的“特级英雄”杨根思，生前说过三句话“不相信有完不成的任务！不相信有克服不了的困难！不相信有战胜不了的敌人！”……许许多多没有留下姓名、没有留下话语的革命先烈，都用自己的实际行动和生命诠释了革命必胜的乐观主义精神。他们是最可爱的人。

革命乐观主义精神不是盲目乐观，也不是与悲观主义相对，而是对马克思主义科学真理、共产主义理想信念、中国共产党的坚强领导、人民是历史创造者的深刻认识和科学把握，这也是一种革命自觉意识。不能否认，革命乐观主义精神还附带有一种革命浪漫主义气息，这也是坚定理想信念和革命意志的一种表现。但是我们不能够忘记，这种精神是无数革命者用鲜血和生命铸就的。“我们党一路走来，经历了无数艰险和磨难，但任何困难都没有压垮我们，任何敌人都没能打倒我们，靠的就是千千万万党员的忠诚。”这份忠诚既是坚定信念跟党走的坚定革命意志，也是同群众同甘共苦的不变初心，用实际行动诠释了“对党忠诚、不负人民”的庄严承诺和崇高情怀。既然加入了中国共产党，就是选择了一种信仰、道路和生存方式，也可以说抓住了时代机遇，一个人的发展道路就会有一番新的可能、新的天地，为人民服务才会结出甜美的果实。

## 指明中国共产党事业进步的前进方向

2021 年 7 月 1 日，习近平总书记在庆祝中国共产党成立 100 周年大会上的重要讲话中指出，“今天，中华民族向世界展现的是一派欣欣向荣的气象，正以不可阻挡的步伐迈向伟大复兴。”“现在，中国共产党团结带领中国人民又踏上了实现第二个百年奋斗目标新的赶考之路。”回顾一百多年前，中华民族饱受列强欺凌，人民深受重重压迫和奴役，尤其是处于社会最底层的广大农民，过着饥寒交迫、毫无政治权利的生活，整个国家呈现出一派衰败凋零的景象。正是“对党忠诚、不负人民”的伟大建党精神，集中体现了中国人民求翻身、求解放的强烈愿望，进而指明了在中国共产党领导下追求事业进步的前进方向。在中国特色社会主义发展道路上，中国共产党带领全国各族人民奋勇前进，迎来了从站起来、富起来到强起来的伟大飞跃，在实现了第一个百年奋斗目标——全面建成小康社会，如今又踏上了实现第二个百年奋斗目标——全面建成社会主义现代化强国的新的赶考之路。

前进道路上，必须始终坚持中国共产党的坚强领导。近代以来，中国并没有一个能够领导中国人民实现民族独立、人民解放的政治力量和组织力量，当时的社会治理、资源开发和资源分配、经济组织和经济发展、社会秩序和法治保障都陷入一个相互受制、因循守旧的境地，国家境遇不仅没有一天天变好的趋向，反而一日日迟滞下去。“你方唱罢我登场”的各方政治势力都没有能够提出指引民族独立、人民解放的方案，反而为一己之私互相扯皮、争斗不休，置国家前途、民族命运、人民利益于不顾。十月革命一声炮响，给中国送来了马克思列宁主义。在马克思列宁主义指导下建立的中国共产党，一经成立就力主推动民族的觉醒、人民的觉悟，不仅在各个历史时期提出了救国救民求独立、自力更生谋发展、改革开放当自强、新时代要有新作为的主张和方案，并且以坚强的政治领导力、思想引领力、群众组织力、社会号召力把亿万人民群众组织起来，为了党和人民的利益而向前、向善、向好前进。历史和时代都在证明，中国共产党是最高政治领导力量，具有把方向、谋大局、定政策、促改革的能力和定力，是引领中华民族走向复兴、带领中国人民走向美好生活的唯一正确政治领导力量。

在前进的道路上，必须始终赢得人民的坚定支持。人民是历史的创造者，是决定党和国家命运前途的根本力量。中国共产党人永不改变的初心和使命，便是赢得人民这一根本力量坚定支持的源泉。与此同时，中国共产党人的初心和使命体现在全心全意为人民服务的宗旨上，体现在一切为

1928 年，红军打土豪缴获的、分给井冈山村民李尚发家的一罐食盐（中国共产党历史展览馆藏）

了群众，一切依靠群众，从群众中来，到群众中去的群众路线中，体现在为群众办实事、解难事的一点一滴里。相应地，老百姓也用他们的实际行动和质朴语言来表达对中国共产党的坚定支持。

链接

**一罐食盐的故事**

在中国共产党历史展览馆，一个鼓腹、曲颈、圆口、棕色、横条纹的陶罐令人注目，里面装满了接近颈部的食盐，食盐已结成表面为灰黑色、晶体状态的一整罐。早在井冈山斗争时期，由于敌人对井冈山革命根据地实行严密的经济封锁，造成根据地军民们各种生活物资奇缺，食盐断绝。1928 年冬，红军将外出打土豪缴获来的一些食盐分发给根据地内的民众度过艰难岁月。当时曾担任过遂川县新遂边陲特别区工农兵政府主席的李尚发，舍不得吃掉这罐食盐而保存下来。1929 年 2 月，井冈山失守后，李尚发将这罐食盐藏在自家屋后的一棵老杉树的树洞里，一直保存到全国解放。

这罐食盐是井冈山斗争艰难岁月的历史见证，也是井冈山根据地军民为了革命的胜利同甘苦共命运的生动体现。

一只棕色陶罐静静地陈列在中国共产党历史展览馆中，已经发黑结晶的食盐装在里面，诉说着井冈山斗争时期，在物资尤其是食盐和药品匮乏的情况下，村民李尚发把分到的这罐盐藏在自家屋子后面的树洞里，以备红军不时之需的故事。这一藏就是31年，直到1959年他才将之挖出捐赠给博物馆。人民群众为什么会这样做，就是因为红军会把缴获的食盐等战利品分给群众，以解人民群众的燃眉之急。一罐食盐见证了“有盐同咸、无盐同淡”的军民之情，诠释了中国共产党人以初心换真心，以使命交出人民答卷的精神和行动。反过来，人民群众也用“一家亲”“鱼水情”“意如山，情似海”“同心同德”等最亲近的语言来形容与共产党和人民军队的关系。

“对党忠诚、不负人民”伟大建党精神所指明的中国共产党事业进步的前进方向，便是人民的前进方向，也是党团结带领人民进行革命、建设、改革的根本目的——让人民过上好日子。中国共产党的命运与中国人民的命运紧密相连，因此，中国共产党的胜利便是人民的胜利，人民对美好生活的向往便是党的奋斗目标，人民过上好日子便是中国共产党最欣慰的事情。

# 第三节
# 坚定政治信仰，站稳政治立场

**坚定政治信仰，站稳政治立场，坚定执行党的路线方针政策**

党的政治信仰是中国共产党人看待历史、立足时代、远眺未来的一种意识和信念，是对马克思列宁主义指导思想、无产阶级的先锋队政党性质和全心全意为人民服务宗旨的一种认同和坚持，并且表现为高度的责任意识和自觉行为。那些老一辈革命家、革命先烈、革命烈士、仁人志士、时代楷模无不具有坚定的政治信仰，将“对党忠诚、不负人民”伟大建党精神融入思想中，刻到骨子里，化为行动力。毛泽东、周恩来、夏明翰、张太雷、方志敏、雷锋、焦裕禄、杨善洲、杜富国等共产党人，一辈子为党和人民鞠躬尽瘁，死去的留下精神来教育和感召后人，活着的用行动来激励和鞭策时人。支撑他们的唯有崇高的、坚定的政治信仰。

坚定政治信仰，既是一个思想过程，也是一个实践过程。坚定政治信仰必然要求站稳政治立场，站稳政治立场必须要有坚定的政治信仰，二者作为党的政治建设和思想建设的重要内容，互为前提，互相支撑，统一于坚定执行党的路线方针政策中。

始终不渝坚定马克思主义信仰、共产主义远大理想和中国特色社会主义共同理想，凝聚中华民族伟大复兴中国梦的磅礴力量。加强思想政治教育，用习近平新时代中国特色社会主义思想武装头脑，武装全党，教育人民。中国共产党人作为马克思主义理想信念的坚定信仰者和忠实实践者，要让科学理论、崇高信仰与伟大社会实践相结合，进入人民的现实生活中，展现理论的魅力、信仰的力量和党员的先锋模范作用。中国共产党人坚定的政治信仰以马克思主义科学理论为本，处处展现着真理之美，而信仰之火一旦点燃，便会锤炼出一代代具有坚定政治信仰的共产党人。这群人矢志不渝献身于党，以卓越风范激励后人，播撒薪火于人民，照耀出信仰之光。

始终不渝坚定马克思主义立场，把对党负责和对人民负责高度统一起来。政治立场事关根本，事关党的生存发展、前途命运、事业成败。坚定政治立场，必须站稳党性立场和人民立场。党性立场集中表现为以党的旗帜为前进方向，以党的方向为行动指南，以党的意志为力量源泉；人民立场集中表现为全心全意为人民服务的根本宗旨，立党为公、执政为民的执政理念，“念兹在兹”的人民情怀。坚定政治立场，必须对党负责、对人民负责，脚踏实地为实现党在社会主义初级阶段的基本纲领而努力工作、不懈奋斗。将二者高度统一起来，党就有未来，人民就有希望，就能顺利推进国家富强、民族振兴、人民幸福的历史进程。

始终不渝坚定执行党的政治路线，坚决同一切违背、歪曲、否定党的政治路线的言行作斗争。坚定执行党的政治路线，必须坚持党的政治领导，完善党的领导体制和领导方式，把以经济建设为中心同坚持四项基本原则、坚持改革开放两个基本点统一于中国特色社会主义伟大实践中。不可否认，党内政治生活中还存在着不同程度的破坏党的团结和集中统一，损害党内政治生态和党的形象，影响党和人民事业发展的诸多问题。推进全面从严治党，保证党的政治路线不偏离、不动摇，全体党员干部要始终对标对表、校准偏差，并同这些言行作坚决斗争。

## 站稳人民立场，切实把为中国人民谋幸福作为最根本的职责

中国共产党的根基在人民、血脉在人民、力量在人民。因此，站稳党性立场必须站稳人民立场，站稳人民立场就是站稳党性立场。没有稳固的人民立场也就不可能站稳党性立场，只有真正站稳人民立场，切实把为中国人民谋幸福作为最根本的职责，才是坚定站稳党性立场的集中体现。这既是马克思主义唯物史观的理论逻辑和时代彰显，也是一百多年辉煌党史的历史逻辑和经验总结，更是中国共产党人带领全国各族人民，进

行伟大社会革命和党的自我革命的实践逻辑和鲜明品格。

中国共产党人对无产阶级政党性质的坚守与宗旨的践行，是立党兴党强党的根本出发点和落脚点，而不负人民，为中国人民谋幸福则是贯穿其中的一条主线和红线。革命战争年代，为中国人民谋幸福就是挽民族于危亡——民族独立，救人民出火海——人民解放，让中华民族和中国人民站起来、腰杆挺起来！新中国成立初期，为中国人民谋幸福就是带领中国人民进行大规模社会改革、恢复国民经济，确立社会主义基本制度，为当代中国的发展和进步奠定基础。改革开放时期，为中国人民谋幸福就是通过改革开放走出一条中国特色社会主义道路，极大地解放和发展了社会主义生产力，中国的面貌、中华民族的面貌、中国人民的面貌、中国共产党的面貌发生了巨大变化。中国特色社会主义进入新时代，为中国人民谋幸福就是实现了第一个百年奋斗目标——全面建成小康社会，又乘势而上开启全面建设社会主义现代化国家新征程，向第二个百年奋斗目标进军。从这个意义上来讲，为中国人民谋幸福就是为中华民族谋复兴，这就是中国共产党人的初心和使命。

站稳人民立场，为中国人民谋幸福，就要把关系人民安居乐业、安危冷暖的就业、住房、教育、医疗、养老、出行、食品药品安全、社会治安、环境保护等实际问题抓紧抓实抓细，努力让老百姓看到成效、得到实惠。还要走到人民群众中去，俯下身子倾听人民群众的不幸福、不快乐、不满意，把人民群众的操心事、烦心事、揪心事一件一件解决好。用实际行动兑现“人民美好生活需要”的承诺。习近平总书记在回忆起陕北黄土高原上老百姓对幸福生活的目标时深情讲道，从“能吃饱肚子”到“吃‘净颗子’”，再到“想吃细粮就吃细粮，还能经常吃肉”，以至今天的全面小康，这就是共产党人的初心所在、使命所在、承诺所在。

只有站稳人民立场，中国共产党长期执政才有底气，前行步伐才有力量，奋勇前进才有方向。在2021年，中国共产党成立一百周年的重要时刻，习近平总书记宣告脱贫攻坚战取得全面胜利。2020年以来，面对突如其来的新冠肺炎疫情，党和政府以及医护人员把人民生命安全放在首位，无论年龄大小或病情轻重，绝不放弃救治。统筹做好疫情防控和经济社会发展，把对人民群众生活带来的不利影响降到最低，托住保障和改善民生这个底。一百多年来，中国共产党始终站稳人民立场，行稳致远；现在开启全面建设社会主义现代化国家新征程，中国共产党依然站稳人民立场，任重道远。

## 严于律己，慎独慎微，永葆清正廉洁的政治本色

中国共产党自成立之日起，就坚持以严格的组织、严明的纪律来统一意志、统一行动，确保全党步调一致向前进。这是“对党忠诚、不负人民”伟大建党精神的客观要求。对

党忠诚就要坚决服从党的集中统一的组织制度，坚决执行上级组织的决定，严格遵守党的各项纪律，并且同一切违反党的纪律的行为作坚决斗争。不负人民就要正确行使党和人民赋予的权力，不为自己和他人谋取私利和特权，永葆清正廉洁的政治本色。

在充分发挥党的组织体制和各项纪律的“他律”作用的同时，还要加强党员干部严于律己的“自律”约束。首要的就是要有一种敬畏意识，敬畏党和人民，敬畏手中权力和岗位职责，敬畏国法和党规，避免无知无畏心态和侥幸心理。其次要慎独慎微，在没有“探照灯”情况下，也能自觉自律，不做违背法律法规和道德伦理的事情；同理，不以事小而放松要求，不以任何理由放松约束，绝不能在细微之处摔了跟头。再次要经常自省，自觉检查和及时纠正在行使权力、廉政勤政方面存在的问题，言行举止是否越界，有利可图时是否收手，盛情难却时是否坚持公大于私，挥霍浪费时是否记得民生之多艰……最后要追求一种“无求品自高”的境界，这种无求不是放下尘世烦恼、无欲无求、无所作为，而是坚守清正廉洁本色，自觉远离低级趣味，养成共产党人的高风亮节。

永葆清正廉洁的政治本色，不仅要求思想要纯洁，组织要纯正，作风要纯朴，而且要能够坚决同消极腐败现象作斗争，从根本上保持党的肌体健康和队伍纯洁。思想要纯洁，就要树立品行端正、为人正直、廉洁奉公的意识，克服各种私心杂念，筑牢拒腐防变的思想防线。组织要纯正，就要自觉与党中央保持高度一致，维护党中央权威和集中统一领导，强化履职尽责能力，确保党始终总揽全局、协调各方。作风要纯朴，就要继承和发扬党的优良传统和作风，弘扬中华民族传统美德，注重家庭、家教、家风，做清正廉洁的楷模，以及教育管理好亲属和身边工作人员。

链接

明代山东巡抚年富清正廉洁，所书“公生明，廉生威”箴言，并以此作为自己做人、从政的座右铭。中国共产党人清正廉洁的政治本色也表现为“公”与“廉”，一是立党为公、执政为民，二是清正廉洁、不徇私情。“对党忠诚、不负人民”的伟大建党精神非常明确和深刻地阐明了这一点，对于党员干部而言，要加强党性锻炼，提高党性修养，不断提高对党忠诚、为党分忧、为党尽责、为民造福的担当精神和能力。只有筑牢清正廉洁的人生底色，才能展示出中国共产党人秉公任直、造福人民的美好形象。

第一届中央监察委员会委员用鲜血书写忠诚

毛泽民：坚贞不屈的『红色大管家』

杨靖宇：白山黑水铸忠魂

焦裕禄：县委书记的榜样

第二章

# 对党忠诚是共产党人首要的政治品质

链接

对党忠诚，不是抽象的而是具体的，不是有条件的而是无条件的，必须体现到对党的信仰的忠诚上，必须体现到对党组织的忠诚上，必须体现到对党的理论和路线方针政策的忠诚上。

**——2016 年 12 月 26 日至 27 日，中共中央政治局召开民主生活会，习近平总书记主持会议并发表重要讲话**

## 第一节

# 第一届中央监察委员会委员用鲜血书写忠诚

1927年5月9日，中国共产党第五次全国代表大会选举产生了党的历史上第一个中央纪律检查机构——中央监察委员会。第一届中央监察委员会共由十名监委组成，王荷波为主席，杨匏安为副主席，许白昊、张佐臣、刘峻山、周振声、蔡以忱为委员，杨培森、萧石月、阮啸仙为候补委员。

中央监察委员会的产生，是党在革命受挫的危急关头所做出的挽救中国革命、挽救中国共产党的重大决定，这对于严格党的纪律，纯洁党的队伍，巩固党的团结，保证党的安全，增强党的战斗力，起到了重要作用。党的五大后，十名监委被派到全国各地开展纪律检查工作，由于复杂的革命斗争环境和反对派背叛革命，十名监委中有八人相继牺牲，一人下落不明，一人于1985年在南昌逝世，他们无一人叛变，用鲜血和生命诠释了“对党忠诚”和“使命光荣”的革命精神。

## 要有铁一样的纪律，不然队伍会成为一盘散沙

中国共产党是有着严密的组织体系、严明的政治纪律和组织纪律的无产阶级先锋队政党。严格执行党的纪律，坚决维护党的纪律权威，是各级党组织和全体党员的基本要求，也是维护党的团结统一、完成党的任务的根本保证，这构成了中国共产党的强大政治优势。

1924 年 1 月，以国共合作为基础的“打倒列强、除军阀”国民革命在中国大地上轰轰烈烈的兴起，并迅速席卷全国。1927 年，以四一二反革命政变和七一五反革命政变为标志，蒋介石和汪精卫背叛革命，以“宁可错杀三千，不可放走一人”的反革命行动大肆捕杀共产党、民主人士和革命群众。其中，中国共产党的主要创始人之一李大钊在北京被捕入狱，虽受尽严刑，仍坚贞不屈，惨遭反动军阀杀害，年仅 38 岁。这使大革命形势陡转急下，第一次国共合作破裂。

越是严峻的革命形势，越是考验每一位革命者。在大革命失败前后的白色恐怖环境中，一些革命意志不坚定者要么投敌叛变、要么腐化堕落、要么登报脱党、要么沉寂无言……能否坚定执行党的纪律，纯洁党的组织，保持党的团结统一，是新设立的中央监察委员会的当务之急。因此，中央监察委员会一成立，十位成员便被派到全国各地开展党的纪律检查工作，他们的工作重点便是监督党的决议和纪律执

行情况，对于未能执行党的决议，违反党的纪律的行为，须“依合法手续审查之”。

如果没有铁一样的纪律，我们的队伍就会成为一盘散沙。出于同样的理由，如果不能坚决执行铁一样的纪律，我们的队伍也一样是软弱涣散的。正是如此，第一届中央监察委员会应运而生。组成中央监察委员会的 10 名成员，都是在工农运动和革命斗争中经受住考验、在群众中拥有崇高声望、能够模范遵守党的纪律的党员干部，是值得党组织信任和托付的。

王荷波（1882—1927 年），福建福州人，1922 年入党，中国共产党早期工人运动先驱，第三届中央执行委员、第四届中央候补执行委员，长期主持中华全国铁路总工会的工作，是全国工人运动的领袖。1927 年 5 月当选为中央监察委员会主席，同年 8 月 7 日与杨匏安以中央监察委员会委员的身份出席八七会议，当选为临时中央政治局委员，会后任中共中央北方局书记。1927 年 11 月 11 日被张作霖秘密杀

链接

王荷波曾说：我们的事业并不显赫一时，但将永远存在；而面对我们的骨灰，高尚的人们将洒下热泪。

害于北京。

杨匏安（1896—1931年），广东中山人，1921年入党，1927年5月在中共五大上当选为中央监察委员会委员，并任副主席。1931年7月被捕后，多次拒绝了国民党元老们高官厚禄的利诱和蒋介石的亲自劝降，8月被枪杀在淞沪警备司令部的荒地上。

许白昊（1899—1928年），湖北应城人，1922年入党，“二七”大罢工的主要负责人之一，一直在湖北武汉地区从事工人运动。1927年在中共五大上当选为中央监察委员会委员后，奉命调赴上海工作，1928年5月就义于上海龙华监狱。

张佐臣（1906—1927年），浙江平湖人，1924年入党，中华全国总工会第一届执行委员，历任上海纱厂总工会委员长、中共无锡地委书记。在中共五大当选为中央监察委员会委员，后任中共江苏省委委员。1927年7月初在上海龙华监狱就义。

刘峻山（1899—1985年），江西吉安人，1925年入党，早期从事青年运动，历任全国学生联合会常务委员兼组织部长、中共江西地委书记、中共江西区委执行委员兼组织部长、中共南昌地委书记，1927年1月至5月任中共江西区委委员兼组织部长，在中共五大当选为中央监察委员会委员。大革命失败后，参加南昌起义。中华人民共和国成立后，任江西省政协常务委员、副秘书长。1985 年 4 月 18 日在南昌去世。

周振声（生卒年月不详），河南郑州人，1922 年入党，中华全国总工会第二届候补执行委员，领导过京绥铁路工人运动，在中共五大上当选为中央监察委员会委员。大革命失败后，在郑州、开封等地开展地下斗争，曾任中共河南省委委员。1928 年从事地下斗争时因党组织遭破坏，与党失去联络，下落不明。

蔡以忱（1896—1928 年），湖北黄陂人，1923 年入党，历任中共武汉地委委员、中共湖北地委委员兼宣传部主任，从事湖北农民运动。在中共五大当选为中央监察委员会委员，后任中共中央农民运动委员会委员、中共湖北省委委员兼农民部长，1927 年 9 月任中共安源市委书记。曾参加秋收起义，1928 年就义于湘西，其妻丰俊英随后亦就义于湖南常德。

杨培森（1883—1928 年），江苏川沙人，1925 年入党，上海工人第三次武装起义南市区领导人。1927 年 4 月 12 日任上海总工会委员长，在中共五大当选为中央监察委员会候补委员，后任中共江苏省委委员。1927 年 7 月在上海龙华监狱就义。

萧石月（1900—1927 年），湖南常宁人，1922 年入党，曾赴莫斯科东方劳动者共产主义大学学习，在中共五大当选为中央监察委员会候补委员，后任中共湖南省委委员。1927年5月28日，马日事变后，萧石月在反击国民党许克祥叛军的战斗中牺牲。

阮啸仙（1897—1935年），广东河源人，1921年入党，1927年5月，在中共五大上当选为候补中央监察委员会委员，1928年赴莫斯科出席中共六大，1934年1月，当选为中华苏维埃共和国中央审计委员会主任。红军长征后任赣南省委书记兼赣南军区政委，后来在战争中牺牲。

## 坚持斗争，用生命诠释对组织的忠诚

1927年，注定是党的历史上不平凡的一年，又是中国共产党涅槃重生的一年。由于党转入地下，且忙于恢复重建各地党组织和开展武装斗争，中共五大闭幕后，1927年6月1日通过的《中国共产党第三次修正章程决案》对中央和省监察委员会产生的方式、职责权限范围以及工作运行机制所作的详细规定，并没有真正落到实处。中央监察委员会委员分散到各地且无法集中履行监察职责，各地所建监察委员会的又很少，党的监督工作实际上难以开展。尽管革命形势一步步恶化，但并没有浇灭中国共产党人不怕牺牲、英勇战斗的精神气概，他们“从地上爬起来，擦干净身上的血迹，掩埋好同伴的尸体，又开始了新的战斗”。在此背景下，中央监察委员会委员相继离开武汉，奔赴全国各地，又投入了新的战斗。

1927 年 8 月 7 日，中共中央政治局紧急会议在汉口俄租界三教街 41 号的一座洋房里召开，史称“八七会议”。王荷波以中央监察委员会委员的身份参加了这次关系党和革命事业前途命运的重要会议，并当选为临时中央政治局委员，且被任命为新设立的中共中央北方局书记。北方局由王荷波、蔡和森等人组成。这得益于王荷波在长期的革命斗争中所表现出来的较高政治觉悟和坚定革命性，他注重革命斗争的策略方法，深入到工人群众中传播革命道理，组织领导各地的工人运动……这些都使之在工人群众中享有很高的威望，并且深得党组织信任。八七会议后，王荷波跟随党中央回到上海。9 月，王荷波到达华北，参加中央北方局的领导工作。刚一到任，就听取中央北方局下辖山西、内蒙古和山东等省、区党部的工作情况汇报，并传达了八七会议精神，决定开展农民武装斗争和土地革命，以配合毛泽东领导的湘赣边界秋收起义。被称为北方秋收起义的唐山玉田农民武装暴动在 10 月下旬爆发，不仅攻克了玉田县城，而且解除了城内反动武装。但是由于敌强我弱，玉田农民暴动经过两个多月的战斗，还是失败了。尽管如此，党组织得到了锻炼，党员干部得到了检验，调动起人民群众的巨大力量，这为以后革命根据地的创建和革命斗争的开展奠定了组织基础和群众基础。

1927年10月，王荷波到北京秘密建立北京总工会，组织领导工人武装起义。不幸的是，由于叛徒出卖，中央北方局地下党组织遭到敌人的严重破坏，王荷波同志在北京法政大学被捕，与之一起工作的18名同志也先后落入敌手。在监狱中，敌人严刑拷打，王荷波受尽酷刑不屈服，他宁愿暴露自己也不暴露党的组织，宁愿牺牲自己也要保全同志，展现了忠诚于党，不负人民的革命精神。面对敌人，他慷慨陈词，公开宣传马克思主义的科学真理，不仅憧憬着未来革命的胜利，而且深信共产主义的实现。1927年11月11日深夜，王荷波等18名同志被押上刑车，前往天坛附近的刑场。然而，反动者害怕北京工人组织劫车抢夺犯人，车到北京安定门外就猛然停止，慌忙将王荷波等18名同志押下囚车，并残忍杀害。

杨匏安出生于一个茶商家庭，到他这一代，家里已经破落。他在中共五大上当选为中央监察委员会副主席，同年因为不公正处分被撤销中央监察委员职务，但仍然坚持“公忠不可忘”的信条。广州起义失败后，杨匏安远赴马来西亚、新加坡等地开展革命活动。1929年，举家迁往上海，以普通党员身份继续为党做工作。作为华南地区传播马克思主义第一人，杨匏安积极参与中央机关党刊编辑工作，翻译出版《地租论》《西洋史要》等著作。他的家人也在出版印刷、交通掩护、传递情报等方面为党工作。为了补贴家用，他还挤出时间翻译书稿赚取稿费，不仅如此，他还经常磨米做糍粑，让老母亲和孩子叫卖换钱。

1931 年 7 月，杨匏安因共事多年的罗绮园被人告密，受其所累，第二次被捕入狱。他在提篮桥监狱关了 8 个月被释放。杨匏安在狱中坚贞不屈、毫不妥协。蒋介石深感杨匏安人才难得，死之可惜，连写两封劝降信以求归顺，后亲自打电话到监狱，他拒绝接电话，还把话筒给摔了。他立场坚定，不为所动。监狱外的营救工作也在继续，周恩来筹划组织武装营救。蒋介石劝降不成又担心其活着为共产党继续工作，便在淞沪警备司令部就地枪决了杨匏安，牺牲时，他年仅 35 岁。

杨匏安信念坚定，忠诚于党，坚持斗争，保全了中国共产党人的气节。为防止罗绮园动摇变节，遂作《死前一夕作・示难友》一诗送之并作告别。

慷慨登车去，相期一节全。
残生无可恋，大敌正当前。

知止穷张俭，迟行笑褚渊。

从兹分手别，对视莫潸然！

许白昊担任第一届监察委员会委员，清正廉洁、公私分明，对待从自己手中转入的经费和账单一丝不苟、高度负责。1927年，在其调往上海工作之前，其原本担任湖北全省总工会财政部长，在其调往上海工作之后，对上一段工作期间的账目高度负责，强调“绝不能疏忽”“该款必须清楚保存”“如该款开支账目不明及用途不清不正，需湖北省委负责人绝对负责”。1928年，许白昊在上海酱园弄开会时，因叛徒告密被捕，而后就义于上海龙华监狱，时年29岁。项英为他写下《许白昊同志传略》，称赞他为“中国共产党中一个最忠诚最勇敢而能战斗的党员，中国职工运动中最好的群众领导者和先锋”。

张佐臣、杨培森，1927年在上海总工会开会，由于叛徒告密，两人同时被捕，两天后的7月1日，被枪决。张佐臣年仅21岁，是当时最年轻的中央监察委员会成员。

刘峻山，是五大选出的10位中央监察委员会成员中，唯一一位目睹了新中国成立的人。1985年在南昌去世，享年86岁。

蔡以忱，1928年7月中旬，在湖南澧县组织当地武装准备举行暴动的时候，被国民党逮捕，不久在澧县就义，时年 31 岁。

萧石月，在当选中央监委候补委员后，就牺牲在战场上，任职仅 19 天，年仅 27 岁。

阮啸仙,1935 年 3 月，指挥红军游击队与敌人进行战斗，不料遭到一颗流弹袭击，壮烈牺牲，时年 38 岁。陈毅当时曾写下了《哭阮啸仙、贺昌同志》一诗:“环顾同志中，阮贺足称贤。阮誉传岭表，贺名播幽燕。审计呕心血，主政见威严。哀哉同突围，独我得生全。”

周振声，1928 年 2 月去开封从事革命活动，因党组织遭到破坏，与党组织失去联系，此后一直下落不明。

1927 年 12 月 31 日，中共中央发出《中央通告第二十六号——关于监察委员会的问题》，其中强调“五次大会后，因为国民党在各地背叛革命，我们整个的党转入地底秘密工作的地位，同时各地党部因为种种关系有监察委员会组织者极少，中央监察委员会则因为委员散在各地，……至今未能行使职权……”虽然 1928 年 6 月至 7 月在苏联莫斯科召开的中国共产党第六次全国代表大会上，取消了中央监察委员会，以中央审查委员会代之，但是第一届中央监察委员会的十名成员，无论是牺牲的，还是活着的，他们的精神将会永存。

## “决心做中国有用之人”的基因传承

革命先烈用鲜血和生命染红了信仰和誓言，他们虽已远去，但是红色基因却代代相传。

王荷波烈士在被捕期间，请求党组织对他的子女加强革命教育，教育他们走革命道路。其实何止如此，王荷波弟兄五人，在他的带领和影响下，四个弟弟除了一人早逝外，其他三人都走上了革命道路，也都兑现了入党誓言，一生都没有改变自己的信仰。王荷波的三弟王介山之子王更生，在谈到王荷波对父亲和自己的影响时讲道，“大伯父的思想对我父亲的影响尤为深刻”，自己退伍时，本想到父亲单位搞摄影，没想到却被父亲一口拒绝，最后到工厂当了一名工人，直至退休。王荷波外孙赵迪的父亲曾任电信总局副局长，从不占公家一点便宜，从不用公家的车办私事，平时上班都是骑自行车；家里一直没有安装电话，直到中国普通家庭家用电话基本普及，家里才有了电话。虽然手中有这个权力，但是却坚决执行相关规定。

杨匏安生前始终有这样一个坚定的信念：“再苦再危险，我们也要革命到底。”在他牺牲后，四个儿子全部都走上了革命道路。长子杨玄由周恩来送去参加革命；次子杨明 1938 年在武汉找到周恩来，随后去了延安；三子杨志也被党组织送去延安参加革命；最小的儿子杨文伟在父亲去世时才两岁，被祖母、姐姐带到香港，继续为党收集、传递情报，后来在东江纵队做电台机要工作。珠海香炉湾畔，杨匏安的雕像静静地坐落于此。二子、四子在外地去世后，就埋葬在这里，陪伴着父亲。杨文伟离休后，带着家人们来到珠海定居。

许白昊在一封家书中写下了这样一句话，“决当做中国有用之人”，他的后人将之作为许家家训，以传承其忠诚与献身精神。如今每年清明节，他的家人都要到许家祖坟前，齐读家训，铭记先人创业之艰难，启迪后人奋斗。

蔡以忱曾经对家人讲过：“要为百姓着想，不要找组织的麻烦。”蔡家后人也是这样做的，一辈子为人本分正派，从来不做违背良心的事情。他的孙子蔡亚生表示：“祖父为革命抛家不顾，又是这么廉洁，我们后辈绝不能给他丢脸。”

上海浦东新区的川沙烈士陵园，杨培森烈士埋葬与此。这里的展墙上有他的两句话，一句是：“我看党为平民谋事就是好，即使砍我脑袋，我也要参加共产党。”另一句是：“一个人能为天下劳苦工人的解放多做些事，打倒了反动派，大家安居乐业，不就是顶好的事吗？”他的子孙对之心存敬仰，也一直用行动来践行先辈遗志。

萧石月婚后与妻子只待了三天就毅然参加革命，直到牺牲仅回家一次。但是他对革命的忠诚和不惜牺牲自己的革命斗志，已经成为整个家族的传家宝。

阮啸仙之孙阮钦彤讲道，“我们兄弟姐妹几个都是平头老百姓，用爸爸的话讲，一分一毫都是用自己的双手挣出来的”。无论生活多么艰难，他的家人们也没有利用自己烈士后人的身份谋取福利，他们相信今天的幸福生活来之不易，要以祖父为榜样，继续走好脚下的路。

## 第二节

# 毛泽民：坚贞不屈的“红色大管家”

毛泽民（1896—1943 年），字润莲，湖南韶山人，毛泽东之弟，1921 年参加革命，同年底加入中国共产党，被称为“红色大管家”“红色金融家”。1922 年在湖南自修大学做庶务工作。1923 年，任江西安源路矿工人消费合作社负责人，实行平价廉价，减少中间剥削，方便工人生活。1925 年在广州农民运动讲习所学习结束后，赶赴上海出任中共中央出版发行部经理，并在各地从事党的秘密工作。1931 年初进入中央革命根据地，后任中华苏维埃共和国临时中央政府银行行长，后又兼任闽赣省苏维埃政府财政部部长、国家对外贸易总局局长。1934 年 10 月，红军开始长征，毛泽民把

毛泽民

链接

毛泽民说:“不能乱花一个铜板,领导干部要带头艰苦奋斗。我们是为工农管钱,为红军理财的,一定要勤俭节约!”他是这么说的,也是这么做的。

苏维埃中央政府财政部和国家银行组成第15大队,这一“扁担上的银行”解决了红军长征中的货币运输、筹粮筹款、保障供给等艰巨任务。1936年,任中华苏维埃工农民主政府国民经济部部长。1938年,受党中央派遣,到新疆做统战工作,先后出任新疆省财政厅、民政厅厅长等职。1942年9月17日被捕,1943年9月27日,被敌人秘密杀害,时年47岁。2009年9月10日,在新中国成立60周年之际,毛泽民被评为“100位为新中国成立作出突出贡献的英雄模范人物”之一。

## 白手起家,统一苏区财政金融

1931年初,毛泽民进入中央革命根据地。同年夏天,担任闽粤赣军区经济部部长。随后到江西瑞金,协助毛泽东负责第一次苏维埃代表大会的筹备工作,主管后勤事务。

中华苏维埃第一次全国代表大会会址（江西瑞金叶坪谢氏宗祠）

1931年11月7日至20日，中华苏维埃第一次全国代表大会在瑞金叶坪村召开，会议决定成立苏维埃共和国国家银行，由毛泽民任国家银行行长，负责国家银行的筹备工作。参加革命多年，毛泽民有着坚定的共产主义信仰和丰富的革命斗争经验，更为重要的是，他有着丰富的金融财会工作经历和经验。因此，毛泽民被任命为国家银行行长，是恰如其分的。

作为国家银行之长，毛泽民面临着会计核算、调整金融、统一货币、统一财政、保障供给、支持苏区经济建设等任务，以及准备金缺乏、金融人才缺乏等困难。没有银行启动资金，银行准备金缺乏，就要求红军队伍在战争中缴获战利品上交国库，而不能私吞和私分，以及充分发挥红军打仗筹款的功能。因此，“一切缴获要归公”就成为“三大纪律、八项注意”的一条重要内容。与此同时，当时苏区根据地内各县乡流通着品种繁多的货币，多种货币混乱流通，既增大了市场交易的各项成本，又给不法分子从中攫取不当利益提供了机会，严重影响着苏区根据地的经济社会发展，不利于改善和提高人民群众的生产生活，这些都极大考验着新上任的国家银行行长。

毛泽民首先从完善制度入手，先后制定了《中华苏维埃共和国暂行财政条例》《中华苏维埃共和国暂行税则》《国库暂行条例》《统一会计制度》等，对苏区财政、税收政策、国库管理和会计核算等工作做出严格规定，对防止重大金融风险、整顿财政纪律、严防贪污浪费等问题提供了制度保障。通过一系列举措，毛泽民仅仅用了两个月时间就使苏维埃国家银行正式营业，并走入正轨。

据时任中华苏维埃共和国财政部部长的邓子恢回忆，“我1932年10月到瑞金，一两个月以后，即到年底，苏区财政就统一了。这是泽民同志的一大功劳。”毛泽民作为中华苏维埃共和国国家银行行长，做银行工作很有一套自己创新的方法，他把货币统一起来，要求国民党的货币一律不准用，打土豪缴的款一律存银行，政府收的税一律交银行，使用须经财政部批准。这样货币、金融统一了，财政也就随之统一了。

1933 年 5 月，毛泽民兼任闽赣省苏维埃政府财政部部长。他采取一系列措施保证人民群众的粮食、食盐、煤油、布匹等生活必需品和生产物资的供给，这不仅保证了地方市场的繁荣，促进了工农业生产的恢复，而且在增加财政收入和保障红军供给等方面发挥了重要作用。

毛泽民严格执行财政纪律，廉洁奉公，要求“不能乱花一个铜板，领导干部更要带头艰苦奋斗”。1933 年初，黎川中心县委书记方志纯（新中国成立后，曾任江西省委书记、省长）在接待来县里检查工作的几位闽赣省党政军领导时，在就餐时，超标准多加了一碗米粉肉，多花了六角钱。在报账时，毛泽民坚决不同意从公家账本上出这六角钱，要方志纯自己补交上。为工农管钱，为红军理财，毛泽民被党内同志称为铁面无私的“包青天”。他同样严格要求自己，清廉自律，不占公家一点便宜。为了更加真实地了解农村基层状况，他在调查研究中从不会私自吃老乡家一顿饭，不给基层干部和人民群众增加负担。针对打土豪、分田地、没收财产等工作情况，他在调查研究中强调，“打土豪是有政策的，哪些该打，哪些不该打，不能乱打，我们如果不调查研究就动手，就可能违反党的政策。”既要分清敌我，又要照顾好人民群众的利益和情绪，多俯下身子听听他们的意见。我们工作中有了错误，就一定要及时纠正，严格按照党的政策办事。这些体现了毛泽民同志“一心为公”和“廉洁自律”的精神。

## 十五大队：“扁担上的国家银行”

1934 年 10 月，由于第五次反“围剿”失利，中央主力红军为摆脱国民党军队的包围追击，被迫实行战略性转移，进行长征。在长征队列中，中国工农红军中央纵队第十五大队的番号，不为外人所了解。因为苏维埃国家银行被编入中央纵队第十五大队，而且这支特殊的队伍全部挑着沉重的扁担，推着吱呀呀作响的独轮车，里面既不是大刀长矛，也不是枪支弹药，而是红军的全部家当：黄金、白银、珠宝、银元、纸币，以及几台死沉死沉的印钞机和铸币机，所以被称为“扁担上的国家银行”。这支扁担承担着中央主力红军的物资供给，保留了红色金融的一粒火种。

长征途中，既没有稳定的后方根据地作依托，又要面对国民党军队的围追堵截进行艰苦行军作战，毛泽民担任“扁担银行行长”兼政委，面临的压力可想而知。一方面，他要负责所运输的金银、货币等贵重物资的安全，既不能“丢盔弃甲”地落入敌手，又不能发生贪腐腐败、挪作他用等现象。另一方面，为了保证整个中央红军队伍的物资供应，他还要负责整个路途中的筹粮筹款等事宜。

1935 年初，红军长征到达贵州遵义，毛泽民当然不能放弃这一短暂的停歇机会，立马投入到筹粮筹款、补给物资、服务百姓、活跃市场的工作中。当时的遵义城，没有统一的流通货币，畅通无阻的硬通货竟然是鸦片。为了打击鸦片贸易，保障正常的市场秩序和人民身体健康，也为了使当地的老百姓接纳苏区货币，毛泽民以扁担上的银行里的金银细软作为准备金，以红军信誉和军事胜利为担保，在遵义设立若干货币兑换点。经过几天的运行，苏区货币在遵义就取代了鸦片的“硬通货”地位而流通了起来。后来，中央红军撤离遵义，为了不让老百姓受损失，毛泽民同样在城区各处设立货币回收点，以金银、银元以及食盐、煤油等物资换回老百姓手中的苏区货币，保障了人民利益。其中，在活跃市场和保障市场秩序方面，毛泽民领导的“扁担上的银行”处处为人民群众的切身利益考虑，着力解决人民群众最为关切的现实问题。例如，遵义城里的食盐价格掌握在几大盐商手中，他们为了从食盐买卖中攫取更多的不法利益，便将食盐价格定得很高，一些贫苦老百姓就吃不起盐而得了大脖子病，这极大损害了老百姓的身体健康。毛泽民采取军事手段和市场手段并用，把食盐定价权掌握在自己手中，并且缴获了大批量的食盐，并决定将之投入市场，满足老百姓对食盐的消费需求。这也在最大程度上打击了遵义地区的地方军阀和不法奸商，还老百姓一片青天。

1935 年，红军长征到达陕北吴起镇，参加长征的 14 名银行干部，只剩下了 8 人。牺牲的战士用鲜血和生命保护了党的财产和人民利益。“扁担上的银行”在核对账目之后发现，除了一路上的正常开支外，两担黄金银元原封未动、保存完整。毛泽民以中国共产党人的坚定信仰，高超的工作能力，勇气和智慧并存，用有限的金融财力保证了红军长征的各项需要，圆满完成了党和人民交给的任务。

毛泽民在新疆工作期间，始终恪守“对党忠诚、不负人民”的建党精神，无论身居何职，都坚守为各族人民服务的初心和使命，不负党和人民的重托和期许，所采取的一系列有效措施，不仅将新疆财政整顿得井井有条，而且促进了工农牧业及文教卫生事业的发展。

1942 年 9 月 17 日，毛泽民被逮捕。在监狱里，面对敌人的连续审问和拷打，他以铮铮铁骨展现共产党人的不屈气节，后来，国民党方表示：只要你脱离共产党，我就放你出狱，该享受的荣华富贵一样不少你的。毛泽民对之嗤之以鼻，坚定地说，“我不能放弃共产主义立场”。1943 年 9 月 27 日，毛泽民被秘密杀害，年仅 47 岁。

毛泽民在牺牲前曾经对他的战友说：“如果你以后有机会回延安，请转告毛泽东同志，我毛泽民无愧于一个共产党员，无愧为毛泽东的弟弟，也无愧为毛泽覃的哥哥！”毛泽民同志在几十年的革命岁月里，始终与钱打交道，但是不论大事小事、大钱小钱，他都做到了一尘不染。他一生廉洁奉公、一心为民的事迹和精神，是所有党员干部尤其是财政金融领域的党员干部廉洁自律，为党、为公、为民的榜样。

## 第三节

# 杨靖宇：白山黑水铸忠魂

杨靖宇

杨靖宇（1905—1940年），原名马尚德，字骥生，河南省确山县李湾村人，1927年5月加入中国共产党，东北抗日联军的主要创建者和领导人之一。1929年，受党中央委派到东北开展工作。1931年九一八事变后担任东北反日总会的领导工作。1932年组织抗日联军，历任抗日联军第一军军长兼政委、东北抗日联军第一路军总指挥兼政委等职，率领东北军民与日寇血战于白山黑水之间，给日寇以有力打击。1940年2月23日，杨靖宇在冰天雪地、弹尽粮绝的情况下壮烈牺牲。习近平总书记称其具有“腹中满是草根而宁死不屈的气节”。2009年9月10日，在新中国成立60周年之际，杨

链接

杨靖宇说："没有根据地人民的支持，部队就像没有油的灯芯。我们绝不能做没有油的灯芯，什么时候也不能脱离群众。"

靖宇被评为"100 位为新中国成立作出突出贡献的英雄模范人物"之一。

## 回确山，从事农民运动工作

杨靖宇，1905 年 2 月 13 日出生在河南省确山县李湾村的一个贫苦农民家庭。旧社会的黑暗，幼时家庭的变故，异常艰难的生活，难得的读书机会，从而奠定了杨靖宇深厚的无产阶级感情基础，立下了为人民吃苦，造福人民的志愿。1920 年，杨靖宇考入确山县立第一高等小学，由此接触到了不少新思想。1923 年，杨靖宇考入河南省立开封纺染工业学校，这期间，他系统接受革命理论，秘密参加革命活动，积极向党组织靠拢，并参加了五卅运动。1926 年，加入中国共产主义青年团，1927 年正式加入中国共产党。1926 年冬天，杨靖宇受党组织委派回确山开展农民运动，以配合北伐战争的顺利进行。

20世纪20年代，处于北洋军阀统治下的河南，兵荒马乱，民不聊生，当时流传着一首民谣：“豫南天中苦，千里成赤土，连年遭荒乱，民贫吏如虎。”在此形势下，人民的反抗怒潮一浪高过一浪。杨靖宇回到确山后，组织召开确山县第一次农民协会代表大会，并被选为县农民协会会长。杨靖宇强调：“我们成立农民协会是自己组织起来保护我们自己，谁无理压迫我们，我们就拿农会来反抗他……我们现在只有自己团结起来，成立农会，这是我们在被压迫的世界中，看到的一线光明，这是解脱我们痛苦的唯一方法。幸福的好生活要靠我们不懈的努力和英勇的奋斗才会得到。”会议决定充分发挥党的组织领导作用，将确山人民自发组织起来的红枪会等自卫组织进行争取和改造，积极开展农民运动，让农民真正翻身做主人。

1927年3月，国民政府决定继续北伐。确山县地处豫南，自古以来就是战略要地。4月，杨靖宇带领各乡镇的农协武装云集县东关大操场，决定围攻县城。杨靖宇担任总指挥，在第一次攻击县城失败后，随后调整部署，一方面将农协军编为十路大军，另一方面切断城内外援，这样县城立即被攻破，农民暴动取得成功。展现了他勇于开拓的魄力，敢于斗争的胆识。与此同时，确山县农民协会充分发动群众，为北伐军送情报，做向导，运送物资，有力支援了北伐军战斗。杨靖宇领导的农民革命运动的蓬勃发展，为农民争取到一定的利益，也使之更加深刻地认识到，唯有将人民群众发动起来、组织起来，同人民群众紧紧联系在一起，党才会有不竭动力。

确山的农民暴动成功了，不仅有力支援了北伐战争，而且充分体现了深藏于人民群众中的无穷力量。武装暴动胜利后，确山县成立了临时治安委员会，设财务委员会、教育委员会、清理逆产委员会、管狱委员会、治安总队、警察所等机构，杨靖宇担任代理主席，代行“县长”职权。这是全国第一个县级苏维埃农工革命政权。确山县临时治安委员会的成立以及所推行的一系列措施，得到了全县人民的热烈拥护，社会秩序井然有序，工农生产得到恢复，物价稳定，市场活跃，人民安居乐业，更加可喜的是，外出逃荒的农民纷纷返回。在领导农民运动和建立农工革命政权过程中，杨靖宇信念坚定，忠于职守，处处心系人民、为民办事，人民亲切地称呼他“马县长”（杨靖宇当时叫马尚德）。

## 抗日英雄的典范

1929 年，杨靖宇遵照党中央指示，来到东北任中共抚顺特别支部书记。一到东北，他就深入抚顺、本溪各地煤矿恢复被破坏的党组织，组织领导工人运动，同日本矿主进行斗争。1931 年九一八事变后，杨靖宇先后领导东北反

图为东北抗日联军密营原场景。场景再现的是东北抗联战士在东北密林“火烤胸前暖，风吹背后寒”的艰苦环境下，同日军展开长期艰苦卓绝斗争的历史画面

日总会，担任中共哈尔滨市委第一任书记、满洲省委委员，不久又兼满洲省委军委代理书记。在此期间，杨靖宇整顿各基层党组织，积极组织抗日队伍，努力团结各抗日力量，共同抗击日本侵略者。杨靖宇领导东北抗日军民创建南满抗日根据地（包括磐石游击根据地、河里地区抗日游击根据地、桓本兴抗日游击根据地），使南满抗日武装有了稳定的战略后方。

1932 年至 1940 年，杨靖宇带领东北抗日联军，在敌强我弱的情况下，凭借一整套适用的、机动灵活的战略战术，在白山黑水间同日寇展开了最顽强的斗争。面对新的武装斗争环境，杨靖宇坚持从实际出发，将上级党组织指导和游击战争战略战术创造性地运用于抗日根据地的对敌斗争中，不断在战斗中总结经验。他提出“四不打”原则：地形不利不打，不击中敌人要害、不能缴获武器不打，付出代价太大不打，对当地人民损害大不打。还有“三大绝招”：半路袭击、远途奔袭、化装袭击。杨靖宇将游击战争的战略战术运用得十分娴熟，沉重打击了日本侵略者。当时有“日本鬼要挨枪，出门碰着李红光；日本鬼运不吉，出门遇上杨靖宇”的民谣。李红光作为一名朝鲜族战士，是杨靖宇的得力助手，这首歌是二人并肩战斗的生动写照。因此，日本侵略者称杨靖宇的部队为“东边道社会治安之癌”，称抗联活动地区为“癌肿地带”。

杨靖宇活动的桦甸、濛江一带，保留有浩瀚无垠的原始森林。深山老林，山高岭峻，沟壑纵横，稀疏地分布有许多小村落，交通极为不利，这给创立抗日根据地提供了有利条件。但是，这里人烟稀少，冬天白雪皑皑，极为寒冷，进出这里十分不便，物资的生产和运输也是困难重重。如遇到极端情况，抗联战士只能以草根树皮为食，运气好点还能打到猎物，或者只能求助于当地村民。艰苦的斗争环境，对抗联队伍是极大的考验。杨靖宇经常给大家鼓舞斗志：“世界上有一种永远不知屈服的人，可以抛头颅，洒鲜血，而为了民族解放事业，忠贞不贰的意志决不动摇。抗联将士，就是这样的人啊！”环境越艰苦，越要与抗联战士们同甘共苦，有吃的大家一起食用，没有食物大家一起挨饿。大家的感情和战斗情谊越来越深厚。

为了使抗联队伍能够在东北大地立稳脚跟，打开局面，取得胜利，杨靖宇始终把发动、组织和依靠人民群众作为开展革命斗争的首要条件，处处体现密切联系群众的作风，同人民群众建立起了紧密联系和深厚感情。一方面，东北抗联队伍不仅要同日伪军作坚决斗争，而且还要利用一切机会和多种形式做好群众工作，进行积极的宣传教育。中国共产党领导的抗日联军是人民的队伍，一切行动都以群众利益为导向，从不侵犯和侵占群众的丝毫利益，赢得了根据地人民群众的一致拥护。根据地人民政权的建立，为抗联队伍提供了稳定的后方基础。另一方面，杨靖宇十分注重加强抗联队伍的纪律建设，经常开展遵守党的各项纪律的教育，严厉打击各种违反党的政策和群众利益的行为。与此同时，为了最大限度地减少对人民群众的干扰，在外出巡逻和战斗的过程中，尽量不去老百姓家里打扰，而是在广阔的根据地区域建立起若干个修整点，为部队行动提供给养。遇到老乡家里需要帮忙的时候，战士们义不容辞前去帮助。战场上缴获的粮食、盐、布等日用战利品，都会拿出一部分来分给老百姓。杨靖宇所领导的东北抗联队伍热爱人民、扎根人民，同人民群众建立起了紧密联系，拥有了坚实的群众基础。

### 满腹草根棉絮，孤身奋战到死不变节

杨靖宇所领导的抗日武装，坚决执行党中央的决策，积极配合全国抗战，指挥抗联第一路军英勇作战，给日本侵略

者以沉重打击，令之闻风丧胆。1939 年，梅津美治郎接任日本关东军总司令，一到任，就将杨靖宇及其领导的东北抗日联军作为心腹大患，并调集伪满洲国一切能够调集的部队进行大规模围攻和讨伐。

1939 年 10 月，杨靖宇召开中共南满省委和抗日联军第一路军领导人会议，决定根据战争形势的变化，将部队化整为零、分散游击，避免正面交锋，尽可能地保存实力。从 11 月下旬开始，漫漫大雪已经封山，大量的日伪军开始在桦甸、濛江地区集结，严密包围和封锁了杨靖宇领导的抗日联军第一路军所在地区，抗联队伍对外联系和交通逐渐缩小。形势的发展比杨靖宇想象的还要严重。敌人为了能够彻底消灭杨靖宇的部队，又调集了更多兵力，把杨靖宇的部队一层层包围在濛江县境内。在战斗的危急关头，杨靖宇的部队直接牵制的日伪军达到上万人。一次次的激烈战斗，抗日联军战士的鲜血染红了冬日大山里的皑皑白雪。抗联队伍的伤亡很大，如果不能突围出去，整支队伍就要埋葬在大山里。但是由于叛徒的出卖，杨靖宇的行踪已经被日伪军所掌握，突围没有成功。1940 年 1 月上旬，杨靖宇的部队在日伪军的猛烈攻击下，伤亡和失散减员十分厉害，只剩下以杨靖宇为首的 16 个人了。在被围攻的最后日子里，杨靖宇身边的战友越来越少，从 16 人减少到 12 人，再减少到 8 人，再到 3 人，到 2 月 18 日就剩他 1 人了。日伪军讨伐部队也是伤亡惨重，从最初的600人减少到300人，再减少到200人、100人，最后只剩下了60人。最后的决战关头，敌人从山顶和山腰分两路向他接近，疲惫到极致的杨靖宇利用山下的地形跟敌人继续战斗。敌人劝杨靖宇投降，杨靖宇用子弹代替了回答，因为他已经没有力气向敌人回话了，但是顽强的战斗意志、必胜的战斗信念让他一次又一次扣动了扳机。杨靖宇的顽强抵抗，令敌人想生擒他的计划落空了，随即向他猛烈开火，绝不给他生的机会。20分钟后，杨靖宇壮烈牺牲，年仅35岁。

杨靖宇带着对祖国和人民的无限忠诚和无限热爱，牺牲在东北的白山黑水之间。他经常对抗日联军战士说:“一个忠贞的共产党员、民族革命的战士，为了伟大的共产主义理想、为了中华民族的解放事业，头颅不惜抛掉，鲜血可以喷洒，而忠贞不贰的意志是不会动摇的。”杨靖宇用最后的一丝气息兑现了他入党时的承诺:随时准备为党和人民牺牲一切，永不叛党。

杨靖宇牺牲之后，伪通化省警务厅长岸谷隆一郎对杨靖宇五六天没吃一粒粮食、却又坚持斗争这么久，十分不解，决定剖开杨靖宇的肚子一探究竟。当军医残忍地剖开杨靖宇的肚子后震惊了:胃里一粒粮食都没有，只有尚未消化的草根、树皮和从棉衣里扯出的棉絮。这还不够，日军还残忍地将杨靖宇的头铡下来，并“示众”三天，妄图吓倒抗日根据地的军民。但这些残暴的行动并没有吓倒和打消东北抗日军民的意志，他们继承杨靖宇的精神和遗志，继续战斗在白山黑水之间。

杨靖宇在生命的最后一刻，宁可站着死，绝不跪着生，为党和人民、为中华民族、为他热爱的共产主义事业流尽了最后一滴血。他是一名共产党员，是一名抗日民族英雄。杨靖宇忠贞报国的爱国主义精神，矢志不渝的共产主义信念，视死如归的英雄主义精神，百折不挠的艰苦奋斗精神，永远是中华民族前进发展的强大精神动力。

## 第四节

# 焦裕禄：县委书记的榜样

焦裕禄（1922—1964 年），山东淄博博山县北崮山村人，1946 年 1 月加入中国共产党，原兰考县委书记。1950 年，被任命为尉氏县大营区委副书记兼区长，1954 年 8 月相继在哈尔滨工业大学、大连起重机厂机械加工车间进修，1962 年被调到河南省兰考县担任县委书记，1964 年 5 月 14 日因肝癌病逝于郑州，终年 42 岁。

2014 年 3 月 18 日，习近平总书记在河南兰考县委常委扩大会议上强调，焦裕禄同志是人民的好公仆，是县委书记的榜样，也是全党的榜样。亲民爱民、艰苦奋斗、科学求实、迎难而上、无私奉献的焦裕禄精神，过去是、现在是、将来仍然是我们党的宝贵精神财富，永远不会过时。各级领导干部要努力做焦裕禄式的好干部，把手中的权力当作为人民服务的武器，做到权为民所用，情为民所系，利为民所谋，不辜负党的重托。2009 年 9 月 10 日，焦裕禄被评为“100 位新中国成立以来感动中国人物”之一。2019 年 9 月 25 日，

链接

感谢党把我派到最困难的地方，越是困难的地方，越能锻炼人。请组织上放心，不改变兰考的面貌，我决不离开那里。

如今印把子抓在咱手里，兰考受灾受穷的面貌一定能够改过来。

——焦裕禄

在新中国成立70周年之际，焦裕禄获得“最美奋斗者”荣誉称号。

## 坚定跟党走

对党忠诚集中表现在服从组织安排，严守组织纪律，推进事业发展，坚定跟党走，永远不掉队、不开小差儿。焦裕禄于1946年加入中国共产党后，党组织将他调到淄博八陡区武装部任干事，领导民兵坚持游击战。由于焦裕禄在入党前就参加了民兵队伍，具有十分丰富的对敌斗争经历和经验。因此，在武装部期间，焦裕禄继续发扬敢于斗争，善于斗争的精神，带领民兵队伍造地雷、埋地雷、打游击、消灭敌人，为主力部队增援赢得了时间，而且还参加解放博山县城的战斗，为巩固崮山根据地贡献了力量。

焦裕禄同志当年穿过的衣物（河南省开封市兰考县焦裕禄同志纪念馆藏品）

1947 年 7 月，焦裕禄作为中共华东局抽调的干部，随中国人民解放军三路大军挺进中原。临行前，他告诉母亲，“上级调我去学习，学习后再分配工作。既然参加革命，党让去哪里我就到哪里！”正是怀揣着这样的信念，他毅然辞别家乡故土随军南下，并且用“不闯出新世界，我就不回来！”的豪言壮语为自己壮行。1948 年 2 月，焦裕禄跟随南下工作队到达河南境内，被分配到开封尉氏县彭店区工作。他发动和组织群众，建立农会和民兵组织，退匪兵、抢夏粮、分土地，工作开展得有声有色，有力支援了主力部队的作战行动。1948 年冬，焦裕禄在尉氏县支前总队领导下，组织担架队支援淮海战役，使所在的担架队获得了“支前模范”的称号和锦旗。支前任务完成后，焦裕禄被任命为尉氏县大营区副区长，负责剿匪反霸工作，赢得了人民群众的一致赞许。1950 年 6 月，焦裕禄被任命为大营区委副书记兼区长。1950 年 11 月，焦裕禄被任命为共青团尉氏县委副书记。1952 年后，焦裕禄又先后调到青年团陈留地委和青年团郑州地委工作。

1953 年，国家开始实施第一个五年计划，焦裕禄响应党的号召，满怀激情到正在筹建中的洛阳矿山机械厂工作。在此工作期间，他任劳任怨，还经常勉励工友们：“大老粗，不要怕，干工作，学文化，蚂蚁能啃大骨头，遇座大山也搬走它！”

1954 年 8 月，焦裕禄被选派到哈尔滨工业大学学习，半年后转到大连起重机厂实习。他勤于思考、乐于学习，还总结出了基层干部“十条工作经验”：一要依靠群众；二要发扬民主；三要经常总结工作；四要学习政治；五要利用积极分子做工作；六要了解群众思想，关心群众生活；七要依靠党的领导；八要搞好团结；九要学习党的政策；十要主动向上级汇报工作。

1956年12月，焦裕禄回到洛阳矿山机械厂，被任命为车间主任。他兢兢业业、拼搏进取、不知疲惫，主持研究开发出中国第一台卷扬机。如今，这台卷扬机被放置在厂区的醒目位置，诉说着焦裕禄同志的忘我工作经历。但高强度的工作节奏，使他患上了严重的胃病和肝炎。1962年6月，焦裕禄被任命为尉氏县委书记处书记，同年12月，焦裕禄调到兰考县，先后任县委第二书记、书记，直至生命结束。

焦裕禄在整个革命生涯中，经历过工作岗位的多次调动和调整，他每次都服从组织安排，从不挑肥拣瘦，无条件地服从于党的事业发展需要。几次的工作岗位调动和调整可谓跨度很大，但是他始终具有攻坚克难的信心，积极进取的精神，报名到困难较多、情况复杂、矛盾尖锐的地方去工作，展现了一个共产党员对党忠诚、坚定跟党走的信念和行动。

## 心中装着全体人民，唯独没有他自己

党的领导干部应该把全体人民装在心中，用手中的权力为人民群众办实事、解难题、谋利益，做人民的好公仆。当焦裕禄离开洛阳，离开熟悉的地方和工作领域，到各方面条件都很困难的兰考去，严重的胃病和肝炎不断折磨着他，但

链接

焦裕禄同志在兰考工作期间，为治理“三害”带病深入基层调查研究，总结出扎针贴膏药治理沙丘的办法。他带头植树造林，广栽泡桐树。焦裕禄同志生前倡导栽种的泡桐树如今已成为兰考县经济发展的支柱产业之一。有一棵泡桐树是焦裕禄同志于1963年春亲手栽种，并在树旁留影纪念。兰考人民为缅怀焦裕禄同志，称其于1963年春天亲手栽种的这棵泡桐为“焦桐”。现“焦桐”胸围3.7米，树高23.7米，南北19.2米，东西17.9米，材积10.3立方米。

现在焦桐树生长茂盛，每到春天数不清的桐花绽放，人站在树下顿感心旷神怡。该树1978年被县政府公布为县级文物保护单位，周围园区历经几次修葺，环境风貌焕然一新。此处是来兰考参观者的必游之地，“焦桐”已成为焦裕禄精神的象征。

他认为：一个人应该担负起党组织对他的信任和人民对他的期待，于是就毫不犹豫地直奔兰考。

1962年的兰考大地，正是遭受内涝、风沙、盐碱三害最严重的时刻，整个兰考全境都是一片萧瑟凄凉的景象，即使当地的老农都对之望而却步，但是焦裕禄却以革命的乐观主义精神去改变兰考面貌。从危机中找寻机会，在困难中看到希望，化不利因素为有利因素，这是一名党员领导干部必须具备的素质和能力。因此，焦裕禄在到达兰考的第二天就到灾情最严重的公社和大队去了，到人民群众中去，拜人民群众为师，从人民群众中汲取改变兰考面貌的法宝。正是从这一天开始，焦裕禄度过了他在兰考的 475 天。

面对连年受灾的兰考，从革命战争中锤炼出来的焦裕禄，深知要改变兰考的面貌必须从改变人的畏难思想开始，尤其是县委主要领导的思想，以此带动和改变普通党员干部和人民群众的低落情绪。在一个大雪纷飞的夜晚，焦裕禄召集县委领导班子去考察兰考火车站，当大家看到数以千计的灾民躺卧在候车室里瑟瑟发抖时，才懂得焦裕禄的用意。回到办公室后，焦裕禄说："我们经常口口声声说要为人民服务，我希望大家都能牢记今晚的情景，这样我们就会带着阶级感情，去领导群众改变兰考的面貌。"闲暇时间，他带领大家学习《为人民服务》《纪念白求恩》《愚公移山》，回忆兰考的革命斗争史。从加强党的思想建设，树立必胜信心，到加强革命传统教育，继承革命先烈遗志，再到加强党的制度建设，制定"干部十不准"，焦裕禄毅然担当起领导兰考 36 万人民群众战胜灾荒的领导责任。

焦裕禄把解决人民群众最现实、最急迫、最忧心的利益问题作为工作的出发点和落脚点。在兰考的 475 天时间里，他无时无刻不深入到人民群众中，紧紧依靠人民群众，把人民群众的冷暖安康装在心间。无论是大雪纷飞，还是大雨滂沱，抑或是抢收粮食，只要群众面临困难，焦裕禄都会带领党员干部出现在现场，出现在人民群众面前。有一次，焦裕禄来到梁孙庄调研慰问，当推门走进梁俊才一家的时候，老大爷问："你是谁呀？大雪天来干啥？"他回答道，"我是您的儿子，毛主席叫我来看望您老人家的。"大娘双目失明，感动地说："新中国成立前，大雪封门，地主逼租，撵得我躲人家的房檐，住人家的牛屋。还是共产党好，社会主义好！"焦裕禄与人民群众同吃、同住、同劳动，无论是在田间地头，还是牛棚草庵子里，他以自己的实际行动赢得了群众的无限信任，深刻诠释了一名人民公仆的本色和形象，在人民群众心中铸就了一座永恒的丰碑。

"吃被人嚼过的馍没味道"是焦裕禄科学求实、艰苦奋斗、迎难而上的工作作风的真实写照。焦裕禄在带领兰考人民治理风沙、排除内涝、改良盐碱地的过程中，带领人民群众冒着倾盆大雨，挖沟渠，排内涝，保耕地；以蚕吃桑叶的办法硬是从盐碱地下翻出好土，盖在盐碱地上，根治了兰考县的盐碱地；把淤泥翻上来压住沙丘，大规模栽种泡桐，达到了抑制风沙灾害的效果。如今，在兰考大地上，泡桐也被老百姓亲切地称为"焦桐"，以纪念焦裕禄"在困难面前逞英雄，敢教日月换新天”的奋斗精神，“心中装着全体人民，唯独没有他自己”的公仆情怀。

1964 年 5 月 14 日，焦裕禄同志因肝癌不幸逝世，在生命的最后时刻，他断断续续地说出了最后一句话：“我……没有……完成……党交给我的……任务。”但是老百姓却说：“你是活活地为俺们兰考人民，硬把你给累死的呀。”焦裕禄没有辜负党和人民的重托和期待，用年仅 42 岁的生命兑现了“如今印把子抓在咱手里，兰考受灾受穷的面貌一定能够改过来”的诺言。

## 任何时候都不搞特殊化

始终保持清正廉洁的政治本色，不仅是党的一贯要求，而且是检验一个共产党员党性的试金石。作为党的领导干部，焦裕禄同志不为名不为利，不论在什么地方、在哪个岗位上工作，“任何时候都不搞特殊化”，生活向低标准看齐，工作向高标准看齐，始终保持艰苦朴素的工作作风。

1963 年春节，当焦裕禄得知自己进了兰考县的福利救济名单后，不管这是县委多年来的惯例，还是对自己家孩子多、生活困难的特殊照顾，他果断要求工作人员把自己的名字划去，并且表示，“兰考是个重灾县，人民的生产生活都很困难，我们时时、事事应该首先想着群众。我们是县委机关，更应该给全县干部做出榜样。”由于焦裕禄调到兰考工作的时候，已经患了严重的肝病，但是他对生产救灾工作看得比自己的健康还重要，屡次推掉入院接受检查和治疗。在肝癌晚期疼得受不了的时候，他是用一根棍子的一头顶着肝部，一头顶在藤椅上，时间久了，藤椅右边被顶出一个大窟窿。他下乡自带干粮，靠一辆自行车和一双“铁脚板”走访调研，衣着朴素如农民，克己奉公，甘于奉献。

另外，焦裕禄还严格要求亲属子女和身边人，从不用手中的权力谋取任何私利。他拒绝给自己的大女儿安排体面工作，他说：“书记的女儿不能高人一等”，得知自己的儿子看“白戏”，立即拿出钱让儿子到戏院补票，并且以此为契机，要求县直机关各部门领导干部检查自己对子女的教育。他在1963年春节前起草了《关于鼓足干劲，搞好生产，勤俭过春节，防止浪费的通知》，要求全县干部坚决做到“十不准”。如今，这份“干部十不准”的底稿静静陈列在焦裕禄同志纪念馆，诉说着焦裕禄给党员干部做出的好榜样，留下的好作风。

焦裕禄在临终前嘱咐妻子，“我死后，你会很难，但日子再苦再难也不要伸手向组织上要补助、要救济，你要把孩子们教育成为红色的革命接班人。”焦裕禄所留下的好家风不仅是焦家儿女的人生信条，更是全体党员干部的精神财富。焦裕禄逝世后，妻子带着6个孩子，从不向组织提要求，也没有用焦裕禄的名字为自己谋取半点私利，而是靠着自己的辛苦劳动在平凡的工作岗位上踏踏实实地工作着，将好家风代代相传。

杨善洲：只要生命不结束，服务人民不停止

申纪兰：人民代表就要代表人民

邹碧华：新时期公正为民的好法官

脱贫攻坚群英谱：全面小康一个都不能少

第三章

# 我将无我 不负人民

链接

这么大一个国家，责任非常重、工作非常艰巨。我将无我，不负人民。我愿意做到一个“无我”的状态，为中国的发展奉献自己。

**——2019年3月22日，习近平对意大利进行国事访问时回应意大利众议长菲科的一段话**

## 第一节

# 杨善洲：只要生命不结束，服务人民不停止

杨善洲（1927—2010 年），云南省保山市施甸县姚关镇人，1951 年参加工作，1952 年 11 月加入中国共产党，原云南省保山地委书记，1988 年退休，2010 年 10 月 10 日，因病逝世。改革开放之初，他积极推行农村家庭联产承包责任制，使原来缺粮的保山成为“滇西粮仓”，被称为“粮书记”。退休后，他践行“只要生命不结束，服务人民不停止”的诺言，带领家人和群众扎根云南大亮山（现名为善洲林场）义务植树造林 22 年，不仅把 5.6 万亩荒山变成绿洲，而且将价值 3 亿元的林场经营管理权无偿移交国家。杨善洲一生坚定信仰信念，一生始终为民为公为党，一生勇于改革创新担当，一生坚守清心清廉清正。2018 年 12 月 18 日，党中央、国务院隆重召开庆祝改革开放 40 周年大会，授予杨善洲同志改革先锋称号，颁授改革先锋奖章。2019 年 9 月 25 日，在新中国成立 70 周年之际，杨善洲获得“最美奋斗者”的荣誉称号。

## “让老百姓说我没有白吃公粮”

对于国家公务人员来讲，当差吃粮、按时领薪是自古以来的规矩和传统。然而，很少有人会去追溯“公粮”的来源所在。其实，“公粮”来自人民，是人民上缴给国家的税收。因此，从这个角度看，中国共产党人坚定地认为，我们来自人民，人民养育了我们，人民支撑起我们的事业，必须将全心全意为人民服务的根本宗旨贯穿到立党治国的全部活动中。杨善洲作为一名共产党员和国家公务人员，始终将服务人民、造福百姓作为自己的人生追求和政治担当。所以，他经常讲:“老老实实做人，踏踏实实做事。我不图名，不图利，图的是老百姓说没白给我公粮吃。”杨善洲不仅把这句话挂在嘴边，而且落实在实际行动中，真正站稳了与人民群众同呼吸共命运的立场，践行了全心全意为人民服务的宗旨。

杨善洲 1951 年参加工作，1952 年加入中国共产党，1953 年起任云南省保山市施甸区委副书记，其间历任区、县、地委主要领导 30 多年，直到 1988 年从保山地委书记任上退休。他始终牢记“不能白吃老百姓给的公粮”，扎根于人民群众中，真正做到了情为民所系，权为民所用，利为民所谋，诠释了一名共产党员的政治本色。

杨善洲是一个农民出身的干部，从土改分得土地翻身做了主人，到深切感受到共产党彻底改变了贫困百姓的苦难命

在云南保山善洲林场，竖立的杨善洲雕像

运，从加入中国共产党那一刻的入党宣誓，到以人民群众的根本利益为一切工作的最高标准，他对农民、农业、农村有着真挚的感情。因此，他不仅从农民的角度去认识农民，而且从农民的角度去认识自己，一辈子都与人民群众心贴心，把服务人民、造福群众作为自己的为官之道。

党员领导干部手中的权力是人民赋予的，理应为人民用好权。杨善洲在从政生涯中，坚守初心重实干、干事创业敢担当，把满腔热血倾注到为群众多办实事、做好事、解难事之中。权为民所用，走进人民群众，了解他们的所思所想所盼。杨善洲很少待在办公室，经常头顶草帽，脚穿草鞋，带上锄头、镰刀等农具，走到乡间地头，走进人民群众之中。

他下乡时帮群众收过稻、插过秧，帮路过的赶马人钉过马掌，教工地上的年轻人打过石头，亲自下田示范推广“三岔九垄”插秧法。他经常讲：“与群众一起劳动，了解到的基层情况最真实。”改革开放之初，1980 年 10 月 23 日，中央有关领导到保山地委考察调研，当他看到杨善洲满身泥土从板桥公社的田间赶回来的时候，感慨道：“像你这样朴实的地委书记不多了！”这既是对杨善洲深入群众、踏实肯干工作作风的肯定，也是对他开创改革发展新局面的激励。

从科学种田提高粮食产量，到治理水旱灾害增强农业抗灾能力，再到带领干部群众发展茶叶、水果、畜牧等多种产业经营，杨善洲不仅靠苦干实干把保山打造成了“滇西粮仓”，而且靠灵活、超前的市场经营理念提高了人民群众的收入，改善了人民群众的生活。直到现在，当地老百姓还在感激杨善洲给保山地区确定的长远发展思路，发展打下的坚实基础。杨善洲认为，共产党员不是为了做官，也不能光想着自己，而是为人民谋利益、谋幸福的，并且以深厚的人民情怀和高超的工作能力兑现了“全心全意为人民服务”的根本宗旨。

## 大亮山的房屋才是他真正的家

杨善洲的大女儿杨惠菊说：“父亲很少回家里住，大亮山的房屋才是他真正的家。”杨善洲退休之后，主动放弃到省城昆明安享晚年的机会，卷起铺盖卷，带领人民群众一头扎进大亮山，植树造林，绿化荒山，发展经济，用22年的时间践行了“只要生命不结束，服务人民不停止”的豪情壮言。杨善洲坚持共产党员的身份永不退休的事业观，以干革命就要干到脚直眼闭的精神使大亮山变了模样，使以前灾害频发、毫无价值的荒山秃岭变成了造福百姓的金山银山。这是他退休之后的另一种活法。

进到大亮山，杨善洲带领大家搭草棚、垒火塘、辟小路、栽树苗，开始了植树造林工程。冬寒夏暑、风吹雨淋，大家住的窝棚是起了又倒、倒了又起，树苗是栽下死、死了又栽，杨善洲跟大家一起承担了所有，林场的环境使他患了严重的风湿病和支气管炎。四年之后，大亮山林场初具规模，建起了改善性的砖瓦房，杨善洲先让新来的技术员住，直到9年之后，他才住进了砖瓦房里。没有路，为了节省资金，他带着简易的测量仪器和一天的干粮去规划路线。买树苗的钱不够，他去县城和乡镇的大街上捡果核，能省一分是一分。开始是他一个人捡，后来是带动全林场职工去捡，这种场景成为一道靓丽的风景线。有人说，一个地位书记弯腰驼背地捡别人吃剩下的果核，多丢人啊！他却说，“我这么弯弯腰，林场就有苗育了。等果子成熟了，我就光彩了！”时间久了，当大家知道了这个捡果核的老人是原地委书记杨善洲时，内心都充满了敬佩。

如今，5.6 万亩人工造林、1.6 万亩杂木林、700 多亩茶叶、50 亩澳洲坚果、100 亩美国山核桃，布满了大亮山，不仅带来了无可估量的生态效益，而且成为带动一方百姓致富的经济林。这就是一个永不退休的共产党员给人民带来的价值。

当然，杨善洲不是一个人在战斗。但是为什么有一群人愿意跟着他到条件如此恶劣的大亮山去植树造林。那是因为杨善洲不是在“作秀”和“表演”，而是一心想着群众，一切为了群众，诚心诚意、无怨无悔地为群众谋利益。这就是先锋模范的作用，不负人民的精神力量。与此同时，他在 22 年的林场建设期间，共争取到上级有关部门项目资助 900 多万元。

2010 年 10 月 10 日，杨善洲因病医治无效逝世，享年 83 岁。在他逝世前一年，他将大亮山林场的经营管理权无偿交给国家；在他逝世前 5 个月，他把保山市委市政府为他颁发的 20 万元特别贡献奖的一半捐赠给保山第一中学，另外 6 万元捐给了林场和附近的村子搞建设，4 万元留给了跟自己操劳一辈子的妻子；在他逝世前 3 个月，他来到林场，抚摸着一棵棵曾经种下如今已茁壮成长的树木，自语道：“孩子们，以后我不能照顾你们了……” 3 个月后，他永远离开了这片热爱的土地。

2014 年 12 月，坐落于杨善洲生前奋斗过的大亮山林场的杨善洲干部学院成立。在这里，杨善洲对党忠诚、一心为民，艰苦奋斗、敢于担当，清正廉洁、坚守本色的精神得到了传承。

## 绝不允许自己占公家一丁点便宜

杨善洲逝世之后，仅留有一顶草帽，一把砍刀，一支烟斗。风烛残年的老伴，每天上山种地、喂牛、打猪草的女儿女婿，开着农用车跑运输的孙子们，无时无刻不在思念着他……在几十年的从政生涯和创办大亮山林场的过程中，杨

2022 年 8 月 2 日，在昆明上演音乐诗剧《青山风骨》，讲述杨善洲的感人事迹

善洲从不以权谋私，一辈子绝不允许自己和家人占公家一丁点便宜。

杨善洲热爱人民，对党忠诚、清正廉洁的立场不变，不负人民、为人民服务的宗旨不忘，体现了“心在人民，利归天下”的精神。在杨善洲担任保山地委书记期间，他没有利用自己手中的权力和便利为母亲、妻子、女儿们办理“农转非”户口，已经泛黄的“农转非”表格一直锁在自己的办公室抽屉里。他说，“大家都来吃居民粮，谁来种庄稼？身为领导干部，我应该带个好头。我相信我们的农村能建设好，我们全家都愿意和 8 亿农民同甘共苦，建设家乡！”至今他的儿女大多还在农村务农，只有二女儿杨惠兰靠自己的努力考上了公办教师。大女儿杨惠菊结婚，他嘱咐妻子不准请客，不准收礼，自己邮寄回家 30 块钱；二女儿结婚，杨善洲没

链接

杨善洲在《我为什么要上山造林》的发言中说，“捞油水的机会还是有的，但是我没有捞。共产党员，拿着工资为人民服务再要钱，那怎么成？”杨善洲不以公权谋私利，志在用权为人民，这是他坚守共产党人全心全意为人民服务的信仰和廉洁作风的真实写照。

给一分钱；三女儿结婚，父亲仍叮嘱她婚礼从简。杨善洲对自己更是抠门。他夏天草鞋，冬天胶鞋，一支烟斗加一包烟叶，从他身上看不出一个干部的模样。自己家的老房子破烂到一到下雨天就四处漏水，可是他却没钱维修和翻盖，只能买几个盆放到漏水处接水。家中的粮食不够吃时，镇上的一位干部从民政部门送过去两袋救济粮，杨善洲得知后，立马让家人给送回去。因为在他心里，“很多人家连苞谷饭都吃不上，应该接济更困难的群众。”杨善洲下乡调研、出差，从来不吃“白饭”，总是自掏腰包。公车从不私用，每次回家都是自己坐公交车到施甸县城，再步行回到大柳水村。

杨善洲是疼爱家人的，严苛的背后是深沉的爱，这是一种大爱。一方面，他对党忠诚、不负人民，只有把自己摆在一种无我的状态，才能成就大我。“公权绝不私用”，既是他的政治信仰，也是他的为官之道。另一方面，他培养子女自立自强的品格、不惧人生坎坷的胸怀，靠自己的双手去创造美好生活，这是他的为人处世之道。杨善洲用自己的言行坚守着共产党人的精神家园，同时也给家人留下了终生受用的精神财富。学习杨善洲精神，全体党员干部既要加强党性修养，树立正确的价值观、权力观、利益观，也要管好家人和身边人，让风清气正的良好家风永续传承。

杨善洲奋斗一辈子，努力让老百姓的日子富起来，自己却两手空空而去，而把价值几亿元的森林送给了大山里的群众。“杨善洲，杨善洲，老牛拉车不回头，当官一场手空空，退休又钻山沟沟；二十多年绿荒山，拼了老命建林场，创造资产几个亿，分文不取乐悠悠……”这首唱遍整个大亮山的歌曲，就是对杨善洲一生为党为公为民、清正廉洁本色的真实写照。

## 第二节
# 申纪兰：人民代表就要代表人民

申纪兰（1929—2020 年），山西省平顺县西沟村人，1946 年 10 月参加工作，1953 年 8 月加入中国共产党，历任山西省平顺县西沟村金星农林牧生产合作社副社长、平顺县委副书记、山西省妇联主任、长治市人大常委会副主任、

2015 年 10 月 2 日，在山西长治平顺县西沟村，86 岁高龄的申纪兰向游客介绍西沟村发展史

链接

我是一个农民，还是一位共产党员，对基层情况也比较熟悉，跟群众战斗在一起，生活在一起，哪里有困难就应该到哪里去。

——申纪兰

中华全国妇女联合会第二届至第四届执行委员，是全国唯一一位出席从第一届到第十三届全国人民代表大会的人大代表。2020 年 6 月 28 日，申纪兰在山西长治逝世，享年 91 岁。

申纪兰长期奋斗在“三农”一线，提出的“男女同工同酬”被写进中华人民共和国第一部《宪法》。申纪兰连任 13 届全国人大代表，她提出的建议和议案涵盖“三农”建设的方方面面，既有关系国计民生的大事，也有涉及群众利益的小事。2018 年 12 月 18 日，党中央、国务院隆重召开庆祝改革开放 40 周年大会，授予申纪兰同志改革先锋称号，颁授改革先锋奖章。2019 年 9 月 17 日，申纪兰获得中华人民共和国最高荣誉勋章“共和国勋章”；2019 年 9 月 25 日，获得“最美奋斗者”荣誉称号。

## 首倡“男女同工同酬”

申纪兰是一个普普通通的农村妇女，她从小就担起家庭生活的重担（父亲去世早，留下母亲和三姐妹，家里没有男劳力），拾柴火做饭、拾粪肥田、赶牲口犁地、春种秋收。1943 年，年仅 14 岁的申纪兰响应根据地政府“组织起来，生产自救，支援前线，度过灾荒”的号召，参加平顺县的灭蝗工作，因为她是女孩子，年龄又小，母亲不舍得让她去。但在她的一再坚持下，互助组终于答应让她一同前去。灭蝗工作真的不是一件轻松的事情，每天要走几十里山路，遇到蝗虫过境，遮天蔽日，让人睁不开眼睛，有些女劳力实在扛不住就打道回府了。申纪兰却认为，“男人能干的，我为什么不能，咬牙坚持也不能掉队。”她的昂扬斗志和突出表现，获得了大家的一致认可，大家都说：“纪兰虽是个女娃子，却做了男人的事。”

1951 年，山西平顺县西沟村成立初级农村合作社，考虑到申纪兰能够吃苦耐劳，以身作则、在群众中享有较高的威信，决定由她担任副社长。申纪兰排除封建旧观念（男人不做饭，女人不种地，成天围着炕台、锅台和碾台转）的束缚，克服重重障碍，带领西沟村妇女参加集体劳动，用事实证明了女人干活一样行，不比男人差。但是，男工和女工同样干一天的活，男工得到工分 10 个，女工得到工分 5 个，

链接

1953年4月，申纪兰作为全国妇女代表，参加了全国第二次妇女代表大会。1953年5月19日，申纪兰出席了在丹麦哥本哈根举办的主题为“争取妇女和男人享受平等待遇”的世界妇女大会。1954年9月15日，中华人民共和国第一届全国人民代表大会在北京举行，申纪兰作为第一届全国人大代表参会，同时，“国家保护妇女的权利和利益，实行男女同工同酬”被正式写入《宪法》。

且工分票的颜色还是不一样的。这让申纪兰想不通。后来，由申纪兰带头，通过组织女工劳动训练和男女劳动竞赛，终于赢得了男女同样工分、同颜色工分票的胜利。申纪兰用实际行动证明了妇女也顶“半边天”，大家亲切地称申纪兰是“妇女姐妹的代言人”。

1953年8月，申纪兰加入了中国共产党，“永远听党话，跟党走”是她对党的承诺。入党是光荣的，责任也是重大的。申纪兰讲:“我当干部，就得为党为国为人民服务。你要有私心，就不要当干部；你要当一名共产党员，就要为人民服务。”入党后的申纪兰干劲儿更足了，带领妇女同胞们积极参加农业生产劳动，男女同工同酬在西沟村率先实现，妇女参加农业生产已经成为西沟村社会主义建设的一支重要力量。

## 做改革先锋，让百姓富起来

1983 年，山西平顺县西沟村全面推行家庭联产承包责任制，极大调动了村民们的劳动积极性，粮食产量、全村总收入和人均收入都得到大幅提高。针对实施家庭联产承包责任制过程中存在的弊端和产生的问题，申纪兰将集体经济的优越性和农民的积极性相结合，探索出了“双层经营”的新模式。这就是在家庭联产承包制基础上，耕地包产到户、自主经营，添人添地、减人减地。与此同时，坚持有林山坡地和原有不宜分割的集体财产仍归集体所有，充分发展乡镇企业，壮大农村集体经济，增强人民群众全面建设小康社会的信心。在此改革过程中，申纪兰发挥了自力更生、艰苦奋斗的优良传统和革命精神。“苦熬没有出路，奋斗才有希望。”“要想比别人强，就得比别人忙；要想过得比人好，就得比人起得早。”这既是她作为一名共产党员所具备的优秀品格，也是一个农村妇女为改变农村落后面貌，脱贫致富的应有担当。

1984 年冬，申纪兰带领村里的党员干部南下，到河南刘庄、江苏花溪村学习调研。外面的世界让大家大开眼界，大家一致认为：“光靠种地富裕不了，想办法上一个工业项目吧！”这是在社会主义工业化和现代化浪潮下，一个小山村的基层领导集体迫切发展乡村经济，带领群众走向共同富裕的可嘉勇气。经过村集体的讨论和最后集中意见，决定上马一个中型硅铁厂。从工厂选址建设到投产，申纪兰发扬一不怕苦、二不怕累的精神，始终冲在劳动第一线。她坚信，没有忘我的劳动就不会有劳动人民的彻底解放。硅铁厂的成功，给西沟村带来了想象不到的收益。尽管在工厂的发展过程中也有困难和效益不好的时候，但是只要有申纪兰在，工厂的发展就有了主心骨，就能化危为安。此后，随着改革开放进程的加快和社会主义市场经济体制的建立，西沟村又建立起了砖瓦厂、农机修配厂、塑料厂、罐头厂、磁钢厂、石料厂、饮料厂等。

在申纪兰的人生经历中，无论她手中的权力和影响有多大，她都始终保持一个农村妇女的朴实本色，淡泊名利、艰苦朴素、廉洁自律、无私奉献，更没有利用自己的影响谋过私。走进申纪兰的家里，屋内陈设相当简陋，有一次，时任国务院总理的朱镕基视察山西时专程来到西沟村看望申纪兰，当走进她家门的时候，申纪兰说:“俺家里穷，真的代表不了农村的生活水平呀！”在场的人无不为她先人后己、心系群众的精神所感动。

进入新时代，西沟村大力推进生态文明建设，将这些年长期运行的“高耗能、高污染、高排放”企业全部关停，提出了打造“红色西沟、绿色西沟、彩色西沟”的“三色”产业发展思路，建红色旅游设施，建香菇大棚、光伏发电，引进知名服饰公司。西沟村的发展又进入一个新的发展阶段。在全面建成小康社会的脱贫攻坚道路上，申纪兰向党和人民承诺“脱贫攻坚路上，俺们绝不掉队”的宣言。

## 我是农民代表，就要代表人民的利益

在申纪兰众多的角色中，全国人大代表无疑是她最闪亮的标识，也是迄今为止，唯一一位连续 13 次当选为全国人大代表的人。从朝气蓬勃、梳着两条大辫子的大姑娘，到年逾古稀、身穿深蓝布套装的老人，申纪兰从没忘记她身上所承担的责任，也见证了中国民主政治的发展历程，成为全国人民代表大会发展史上的一个传奇人物。

申纪兰一刻都不愿离开西沟村和人民群众。农民人大代表是她最大的特征和本色，从当上人大代表的那一刻开始，她就始终生活在西沟村，从没离开过。在她担任山西省妇联主任的时候，就向组织提出“不转户口、不定级别、不领工资、不要住房、不调动工作关系、不脱离农村”。因为她怕一离开西沟村就脱离了人民群众，就再也回不来西沟村了。当她卸任山西省妇联主任的时候，她坚定地要回西沟村。她说“对我来说，在西沟干，比在城里更能出上力。别人进城当领导，也许真能干，可我文化程度不高，又没有机关工作经验，让自己当省妇联主任不如让别人当更合适。”这一番话显示出她淡泊名利，保持着一个共产党员的赤子之心，一个农民儿女的朴素本色。

申纪兰在65年的人大代表生涯中，始终坚守“当人大代表，就要代表人民，代表人民说话，代表人民办事”的信念和原则。心系群众、恪尽职守，不辱人大代表使命，是申纪兰作为人大代表履职尽责历程的鲜明写照。她时时事事不忘人民群众的根本利益，为了基层老百姓的急事难事烦心事奔走呼号。申纪兰以对党和人民的忠诚、强烈的社会责任心去反映社情民意、商讨国家大事、行使民主监督权利，不负人民的那份信任和期盼。因此，在参加每次全国人民代表大会之前，她都会深入到人民群众中实地调研，认真处理人民群众的来访来信，了解人民群众的所思所想所盼。多年来，申纪兰的建议和议案始终围绕着“三农”问题，涉及农业增产，农民增收，农村产业结构调整，农村社会和谐稳定，耕地保护，农村合作医疗，农村教育问题，农村干部选举，妇女权益保障等问题。这样的人民代表，不争权、不争名、不争利，从不辜负党的信任，对人民的期待从没有丝毫懈怠。

## 第三节

# 邹碧华：新时期公正为民的好法官

邹碧华（1967—2014 年），江西奉新人，1988 年 7 月参加工作，1999 年 5 月加入中国共产党。曾任上海市高级人民法院民一庭副庭长、民二庭庭长、审判委员会委员，上海市长宁区人民法院党组书记、院长，上海市高级人民法院党组成员、副院长。2014 年 12 月 10 日，邹碧华同志在工作中突发心脏病，经抢救无效因公殉职，年仅 47 岁。2015 年 1 月 6 日，习近平总书记对邹碧华同志的先进事迹作出重要批示，“邹碧华同志是新时期公正为民的好法官、敢于担当的好干部。他崇法尚德，践行党的宗旨、捍卫公平正义，特别是在司法改革中，敢啃硬骨头，甘当‘燃灯者’，生动诠释了一名共产党员对党和人民事业的忠诚。”

### “我们要有一颗同理心”

“一定要做一个有良心的法官。”这是邹碧华第一次当上

链接

人的一生，都有一个需要坚守的价值。理想的完美人格，应当是破除自我，将自己融入到人民中，融入到祖国的法治中。无我，党的事业不朽，如是我心。

——邹碧华

法官的时候，远在江西老家的母亲对他的再三叮嘱。秉持这一从业理念，邹碧华在26年的司法事业中依法行使手中权力，不仅能够站在对方的角度考虑问题，而且还以“一颗同理心”感知他人情绪和处境，让人民群众体会到整个社会的公平正义。

邹碧华以最崇高的党性为自己的司法事业护航，推动中国司法改革和法治事业的进步。他曾经说过：“我越来越清晰地认识到，我必须对党的事业负责。我的角色要求我必须把推动我国法治事业的进步作为自己的使命。只有实实在在把这种使命感融入自己的内心，才有可能转化为一种强大的动力。因此，在这种状态下，无论承受多大的工作压力也不会感到累，无论遇到任何困难也不会屈服，无论处于何种逆境也不会退缩。”以司法人的专业精神和专业能力追求心中最崇高的信仰，这是一名优秀共产党员的敬业之心和前进动力。

做一个有良心的法官，就要把纯粹的正直、善良、感恩的法官职业信仰贯穿到每一次为人民服务中，每一个司法案件中，以及整个职业生涯中。在大量的司法案件中，既有利益的诱惑，也有良心的考量，但是邹碧华坚持原则，始终做到坚守公平正义。

2008年9月，沃根生83岁的母亲居住的阁楼起火，老人不幸葬身火海。沃根生认为物业公司应该承担主要责任，但是由于缺乏证据，沃根生与物业公司的官司败诉了。于是，他走上了上访之路。邹碧华在接待了沃根生的上访后，高度重视，并决定到现场去看一看。现场的走访让邹碧华感同身受："可想而知，老太太在这种环境下遭到了多么的不幸，作为法官一定要善待信访人，善待他们等于善待自己，我们都有父母。"这是他对信访法官的嘱咐。之后，邹碧华、信访法官与街道社区、电力部门、消防部门、物业公司取得联系并现场办公，达成了一个双方满意的初步调解和补偿方案。事后，邹碧华说："这个案子的判决没有问题。但我们做法官的既要善解法律，也要善解人意。一位60岁的老人为了母亲的事四处奔波，我们一定要将心比心，要让他感受到法律对人格、对情感的尊重，这才是法律真正强大的力量。"

一个矛盾的化解并不稀奇，但是它让沃根生一家感受到

2019年6月6日，“邹碧华档案资料捐赠仪式”在上海市档案馆外滩馆举行。捐赠仪式现场展示邹碧华档案资料

公平正义和法治的温度。而一个个矛盾的化解，正是考验邹碧华的业务能力和同理心的时候。他审理或指导的大量民事案件、商事案件和少年案件，经得起历史、实践和双方当事人的检验，充分显示了他在司法工作方面的专业素质和人文情怀。邹碧华坚持司法为民，在依法公正行使审判权中彰显公平正义，在他办理的每一件司法案件中，他都坚持法律底线和真诚同理心，让当事人感受到“法律对每一个人生命、人格、尊严、情感的尊重和保护”。

## 他是“高素质法官”的杰出代表

邹碧华把社会的公平正义作为自己毕生的追求和事业，笔耕不辍，研究不止，勇于担当，敢于创新。他先后参与审理了上海社保基金追索案、北方证券破产案等一大批全国瞩目的重大疑难案件，成为当代中国“学者型法官”“高素质法官”的杰出代表。

邹碧华作为当代中国“学者型法官”的杰出代表，源于他对法律知识如饥似渴地学习研究，对先进管理理念和现代技术手段的实践应用，这一切都立足于对中国实际和法官队伍现状的深刻把握，学习借鉴而不照搬照抄国外那一套。1988 年，邹碧华从北京大学法律系经济法专业毕业之后，选择了上海市高级人民法院。为了夯实和扩展自己的专业基础知识，1993 年，他选择继续深造，在之后的六年时间里先后攻读了北京大学的经济法硕士、博士。在邹碧华家中的书房里，从天花板到地上堆满了数千本的法律书籍，以及文学、哲学、管理学、心理学等学科门类的书籍。邹碧华对法律相关类书籍和知识的渴望贯穿于他求学和工作的整个生涯之中，白天奔波，晚上钻研，交流互鉴，先后撰写和出版了十多部法学专著，他的法学素养和专业水平让同行们为之折服。不仅如此，大家还认为他没有官架子，敬佩他务实的工作作风。

邹碧华作为当代中国“高素质法官”的杰出代表，还源于他扎实的法律理论基础和过硬的法学素养，并将之体现在司法工作实践中。多年来，他坚持审判理论与实践相结合，出版了《要件审判九步法》。他以缜密的审判思路将法律适用过程创造性地分解为九步（第一步，固定权利请求；第二步，确定权利请求基础规范；第三步，确定抗辩权基础；第四步，基础规范构成要件分析；第五步，诉讼主张的检索；第六步，争点整理；第七步，要件事实证明；第八步，事实认定；第九步，要件归入和作出裁判），对律师办案、法官审案具有较强的指导作用。邹碧华的“要件审判九步法”不仅被全国法院系统列为范本，而且为上海市高级人民法院的司法改革试点做出了突出贡献，在全国司法体制改革中具有重要意义。

2010年，为在相互尊重的基础上建立起律师与法官的良性互动关系，邹碧华主导起草了《法官尊重律师十条意见》，包括：法院应为律师参与审判活动提供方便；畅通与律师的沟通渠道，规范法官和律师相互关系；保护律师在法院期间的人身安全；以及法官在案件审理中应当认真听取律师意见，对律师的意见采纳或不采纳，应以适当方式表明态度并说明理由；法官在庭审中应当避免随意打断律师发言；不得使用训斥、嘲讽等不尊重律师的语气和语言；也不宜当着当事人的面指责、批评律师，更不得向当事人发表贬损律师的言论等，这为改善律师的执业环境起到了重大的推动作用。

为妥善解决法院在接待司法当事人过程中产生的矛盾，邹碧华改进工作机制，推出了《群众接待场景65例》，以65例群众接待场景为例，树立、解剖和规范立案、审理、执行、信访等程序的各个环节和诸多细节，提高了基层法院服务群众的素质和能力。与此同时，邹碧华还安排法院接待人员学习礼仪规范，建立上海市律师诉讼服务平台，设立上海法院系统12368便民服务热线，以及推出短信通知服务。这样的举措，让人民群众看到了他身上的创新理念和担当精神，满足了人民群众对法治的新期待和新要求。

邹碧华严于律己、刚正不阿，服务群众、清正廉洁，是新时代勇于担当的改革奋楫者，为构建法律职业共同体做着不懈的努力。“法官当如邹碧华”成为社会各界人士的共鸣。

## 甘当司法体制改革的“燃灯者”

为了加快建设公正高效权威的社会主义司法制度，维护人民权益，让广大人民群众在每一个司法案件中感受到公平正义，根据党中央、上海市委、最高法院关于上海市司法改革试点工作的重大部署，2014年7月，上海率先在全国拉开了司法体制改革试点的大幕。邹碧华正是上海法院司法体制改革方案的主要起草者之一，同时也是司法体制改革的实践者之一。

2008 年 6 月 25 日，是“博士院长”邹碧华上任上海市长宁区人民法院院长的日子，自此，他在自己的工作岗位上种下了司法改革的种子。邹碧华的“走动式管理”方式让基层法院长期存在的问题浮出水面，以此为突破口，他将法院管理体制、法官权力运行机制、司法信访接待问题的改革和完善，提上工作日程。通过两年的改革，邹碧华的“长宁试验”取得了可喜成绩，长宁法院的改革实践为上海市下一轮司法改革奠定了基础。

2013 年，邹碧华被任命为上海市高级人民法院司法改革领导小组成员兼办公室主任，他没有休息日，全身心投入到司法改革试点工作中。从参与起草最高法院“审判权力运行机制改革试点”“司法公开平台建设改革试点”等方案，到参与主持《上海法院司法改革试点工作实施方案》，邹碧华以锲而不舍、脚踏实地的精神，推动司法改革的步伐向前迈进。针对司法改革中的两大难题：审判权力运行机制改革和人员分类管理改革，邹碧华以第二个问题为突破点，提出法官助理概念，制定科学的法官考核标准，测算出一套“案件权重系数”，不搞“一刀切”做法，让能够胜任司法审判工作的优秀法官脱颖而出。在此基础上，邹碧华还特别关注研究法官独立审判权和法官权力监督问题，努力走出一条具有中国特色的司法改革之路。

邹碧华既具有一位共产党员、一个司法人、一个法律人的激情和果敢，也有他自身的认真、细腻和真情。司法改革涉及的部门多，涉及的问题环环相扣，改革设想不能一蹴而就。邹碧华在推进司法改革进程中，以绣花的功夫处理各种理论难题和实施细节，把问题一点点拱出来，依次解决。他说：“改革成果万一失陷于明显的体制漏洞，将授人以柄，甚至使改革归零，那我们就是历史罪人了！”就这样，邹碧华以昂扬斗志和担当精神奋战在司法改革一线，甘当“燃灯者”，不惧风险，砥砺前行，将司法改革推向深入。

2014 年 12 月 10 日，邹碧华上午刚参加上海市司法改革座谈会，下午就前往改革试点单位徐汇区法院，中途身体突感不适，被紧急送往医院。但因抢救无效牺牲，年仅 47 岁。他用生命兑现了自己的承诺：“无我，党的事业不朽，如是我心。”

# 第四节

# 脱贫攻坚群英谱：全面小康一个都不能少

消除贫困、改善民生、逐步实现共同富裕，是社会主义的本质要求，是中国共产党的重要使命。2015 年 11 月 29 日，中共中央、国务院发布《关于打赢脱贫攻坚战的决定》，为在中国共产党成立 100 周年之际实现农村贫困人口整体脱贫，全面建成小康社会，吹响了脱贫攻坚战的冲锋号。几年来，数百万党员领导干部奋战在脱贫攻坚主战场，在脱贫攻坚伟大斗争中锻造形成的“上下同心、尽锐出战、精准务实、开拓创新、攻坚克难、不负人民”的脱贫攻坚精神，是中国共产党性质宗旨、中国人民意志品质、中华民族精神的生动写照，是爱国主义、集体主义、社会主义思想的集中体现，是中国精神、中国价值、中国力量的充分彰显，赓续传承了伟大民族精神和时代精神。

链接

山凿一尺宽一尺，路修一丈长一丈，就算我们这代人穷十年苦十年，也一定要让下辈人过上好日子。

——毛相林

这是我的家，希望家乡一天比一天美好，希望这种传统文化能被更多人了解，也希望家乡的父老因这悠久的文化而变得更加自信。

——白晶莹

吃上了甜水，伽师人祖祖辈辈的梦想成真了。值！此生无憾。

——刘虎

只要还有一口气，我就要站在讲台上，倾尽全力、奉献所有，九死亦无悔！

——张桂梅

做给农民看，带着农民干，帮助农民销，实现农民富。

——赵亚夫

我是从广西的贫困山区出来的，我想回去建设家乡，把希望带给更多父老乡亲。

——黄文秀

## 把鲜红的党旗插在脱贫攻坚主战场

中国共产党的坚强领导，是脱贫攻坚取得举世瞩目成就的关键。以习近平同志为核心的党中央坚持对脱贫攻坚的集中统一领导，在充分的走访调研和召开座谈会的基础上，掌握了真扶贫、扶真贫、脱真贫的真实情况，所提出的一系列新思路、新观点和作出的一系列新决策、新部署，为脱贫攻坚提供了根本遵循和科学指引。自党中央、国务院发出打赢脱贫攻坚战的总攻令，各级党和政府派出精锐力量投向脱贫攻坚主战场。截至脱贫攻坚战取得最后胜利，全国累计选派25.5万个驻村工作队、300多万名第一书记和驻村干部，同近200万名乡镇干部和数百万村干部一道奋战在扶贫一线，他们把鲜红的党旗插在脱贫攻坚的主战场。

在脱贫攻坚主战场，党中央加强党的集中统一领导，加强村级党组织配套建设，将之打造成为带领群众脱贫致富的坚强战斗堡垒。为打赢脱贫攻坚战，党中央要求省市县乡村五级书记一起抓，落实脱贫攻坚一把手负责制，在加强和改善党的领导中不断增强党的领导力、组织力和执行力。事实充分证明，加强党对脱贫攻坚战的集中统一领导，落实各级党组织一把手负责制，充分发挥集中力量办大事的体制优势，形成脱贫攻坚合力。开展东西部扶贫协作和结对帮扶，开展定点扶贫、专项扶贫、行业扶贫、社会扶贫，开展产业扶贫、科技扶贫、教育扶贫、文化扶贫、健康扶贫、消费扶贫等一系列扶贫攻坚举措和行动，汇聚起全社会的共同意志和磅礴力量。帮钱帮物，不如帮助建个好支部。习近平总书记指出："要加强农村基层组织建设，使党支部更好发挥战斗堡垒作用，成立带领农民群众脱贫致富的主心骨，把乡亲们的事情办好。"在脱贫攻坚实践中，将精准脱贫与农村基层党组织建设有机结合起来，互相促进，共同提升，不仅推动脱贫攻坚工作取得巨大成绩，而且有效解决了软弱涣散基层班子的问题，加强了村级党组织建设，储备了乡村建设后备力量。

在脱贫攻坚主战场上，数百万扶贫干部以热血赴使命，以实干践承诺，把心血和汗水奉献给了脱贫事业，有的还付出了宝贵的生命。数百万扶贫干部闻令而动，冲向脱贫攻坚一线，以实际行动践行了中国共产党人的政治担当和为民情怀。他们坚持以人民为中心的发展思想，求真务实、较真碰硬，以"不获全胜决不收兵"的执着信念奋战在脱贫攻坚主战场。他们与广大人民群众和贫困户想在一起、干在一起，为了实现对美好生活的向往而努力奋斗，决不落下一个贫困地区、一个贫困群众。他们在脱贫攻坚中得到了历练，苦干实干本领和为民情怀得到了显著提升。

在脱贫攻坚主战场上，坚持扶贫与扶志、扶智相结合，激发人民群众脱贫内生动力。贫困问题的发生有着多重因素，体现在多个方面。其中，思想观念上的贫困和知识智力的困乏是两大主要因素。因此，党的十九大报告强调，坚持大扶贫格局，注重扶贫同扶志、扶智相结合。为此，在精准扶贫过程中，各级党组织扶贫干部注重从贫困户的思想观念改变入手，强化自尊、自爱、自强精神，破除“等靠要”思想，让他们切实感受到党和政府的扶贫决心。与此同时，各级政府加大教育扶贫的投入力度，既不让一个孩子失学，又要切实保障家庭贫困子女获得教育的机会、资源和资助，更要稳步提高贫困地区的义务教育质量。此外，加强文化扶贫，拓宽科技扶贫渠道；加强健康扶贫，不断增强贫困群众脱贫奔小康的内生动力。

## 他们称自己是脱贫攻坚路上的“小石子”

“脱贫攻坚路上有千千万万的人，我真的就是其中一个小小的石子。”这是数百万扶贫干部听党指挥、下沉基层、倾力奉献、服务人民的真实写照和共同心声。在脱贫攻坚工作中，他们挥洒汗水、泪水，他们发光发热、熠熠生辉，他们奉献青春，贡献力量，其中还有 1800 多名扶贫干部献出了生命，生动诠释了共产党人的初心和使命。他们的事迹感人肺腑、光照千秋，一颗颗“小石子”构筑起了脱贫攻坚的宏伟大厦，所汇聚成的脱贫攻坚精神是激发一代又一代共产党人为了人民美好生活需要而奋进的强大力量。

敢向绝壁要“天路”的“当代愚公”毛相林，带领100多名村民用双手在群山之中凿出了一条8公里长的出村之路。这条路开启了全村通向外界和富裕的大门。路通了，人就“活”起来了，致富的门路也就多了。在毛相林带领下，村民从外出打工赚钱来补贴家用，到发展多种种养产业和乡村旅游，下庄村打开了富裕路，于2015年实现全村脱贫，老百姓的日子红红火火。

“草原绣娘”白晶莹作为内蒙古自治区兴安盟科尔沁右翼中旗人大常委会党组书记、主任，带领2.1万名妇女以绣花技术建立起绣花产业，推动本地区脱贫致富。白晶莹自幼学习刺绣技术，是图什业图王府刺绣的自治区级非物质文化遗产传承人。她充分挖掘蒙古族传统刺绣手工技艺的群众基础，集中举办刺绣技艺培训班100多期，创新“企业+协会+基地”的合作模式，培养各级绣工达到15000余人，绣工们的年收入超过1万元。

让乡亲们彻底告别苦咸水，喝上甜水的刘虎，自2016年11月任职新疆伽师县水利局党委副书记、局长以来，为解决当地各族群众因水致病、因病致贫的问题，保障人民群众饮水安全，他豁出命来，也要让群众吃上甘甜的安全水。刘虎把责任扛在肩上，带领技术勘察团队找水源、探路线、定方案、划标段。虽身患癌症，仍不忘对人民的承诺——让伽师县百姓彻底告别苦咸水。他经常奋战在饮水工程一线。经过努力，终于通水了，伽师县的乡亲们终于告别了“祖祖辈辈都是吃苦咸水的命”，但刘虎却因耽误治疗及劳累过度，病情恶化，左眼失明、瘫痪在床，于2021年7月3日逝世。刘虎被授予“全国脱贫攻坚楷模”“全国优秀共产党员”“第八届全国道德模范”等称号。老百姓含泪称他为“当代的焦裕禄”。

点亮贫困山区女孩梦想的“校长妈妈”张桂梅，扎根云南贫困山区40余年，创办全国第一所面向贫困山区女孩的全免费女子高中，不仅帮助1800多名贫困山区女孩圆梦大学，而且为阻断贫困的代际传递作出巨大贡献。自2001年起，张桂梅又兼任华坪孤儿院的院长，172个孤儿有了温暖的家，被孩子们亲切地称为“张妈妈”。张桂梅所做的一切就是要点亮孩子们的梦想，让贫困山区的孩子们能够靠自己的努力看到外面的世界，创造出属于自己的美好未来。张桂梅常年超负荷工作，身体每况愈下，需要大把服药才能勉强支撑，但是她用“只要还有一口气，我就要站在讲台上，倾尽全力、奉献所有，九死亦无悔”的精神为贫困山区的孩子们努力工作着，让一个个孩子成长成才，走出大山，做一个有益于国家和社会的人。

把“论文”写在大地上，把致富百姓作为毕生追求的赵亚夫，自大学选择了农业专业，便决定“要为农民服务一辈子”。他长期致力于农业科学技术研究，从高产稻到草莓、葡萄、无花果等高效农业的技术攻关和推广，几十年如一日，将近百项农业科学技术成果传授给农民，拓宽了农民增收渠道，改变了农民贫穷落后面貌。2001 年，赵亚夫退休之后，以“只想继续为农民做事”的朴实情怀，来到镇江句容戴庄村，推行综合型社区合作社新模式，使曾经贫穷落后的村子变成了殷实幸福的小康村。他一辈子扎根农村、真情为民、廉洁自律、无私奉献，没有用手中的专利技术为自己

如今，已是八旬高龄的赵亚夫每天奋斗在农村现代化一线，图为赵亚夫向留学生讲述农民脱贫故事

链接

赵亚夫，曾担任过江苏省镇江市人大常委会副主任，镇江市农科所所长、党委书记。在宜兴农林学院读书时，他就立志要用自己所学的知识，为农民服务一辈子。

2001年，从镇江市人大常委会副主任岗位退休的赵亚夫，选了当地最穷的戴庄村，完成自己“没有做完的事”——让一个最穷的村实现真正的小康。做给农民看，带着农民干，帮助农民销，实现农民富。十几年来，在赵亚夫的帮助指导下，戴庄村通过发展水稻、果蔬等有机农业，成立专业合作社、实行品牌化销售等措施，实现了华丽转身，成为远近闻名的江苏省特色田园乡村、全国农业合作社示范村、全国文明村。

“要致富，找亚夫，找到亚夫准能富”。60多年来，赵亚夫先后推广农业新品种、新技术250多万亩，给16万农民带来200多亿元的直接收益，为句容、镇江乃至全国脱贫攻坚和乡村振兴做出积极贡献。

谋利益，而是将之造福于人民群众。“泥土是我的本色，我要扎根田地，让农民收获满屋财富！”这就是赵亚夫所坚守的为民信念，践行的群众路线，表现出一位共产党员的高尚品格和社会担当。

回乡奉献、扎根大山，用生命谱写新时代青春之歌的黄文秀，2016 年硕士毕业之后，放弃留在大城市发展的机会，主动回到广西百色革命老区做了一名定向选调生。在脱贫攻坚号召下，2018 年 3 月，黄文秀主动请缨前往广西百色市乐业县新化镇百坭村担任驻村第一书记。黄文秀心系群众，因为她是从广西贫困山区走出去的，所以还要回来。她心怀感恩，所以积极响应国家脱贫攻坚号召，扎根百坭村，带领群众脱贫致富。她在脱贫攻坚主战场挥洒汗水、倾力扶贫，

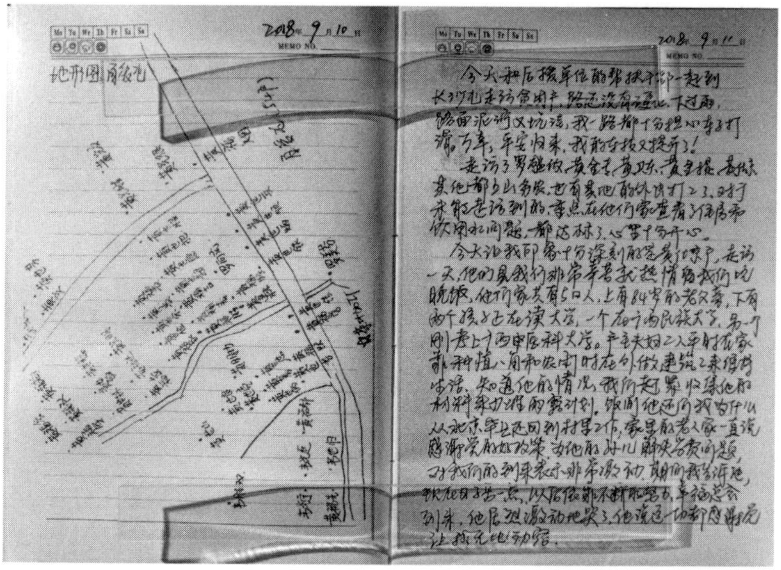

在广西百色，时代楷模黄文秀先进事迹陈列馆展出的黄文秀扶贫日志

人民群众的收入增加了，村经济发展了，她却因工作途中遭遇山洪，不幸因公牺牲，年仅30岁。百坭村村民缅怀她，因为她给贫困村带来了翻天覆地的变化，这些都是她用生命换来的。在脱贫攻坚的主战场，黄文秀舍身忘我，诠释了一位共产党员的初心和使命。

数百万扶贫干部留下了太多的感人事迹，有的兢兢业业、任劳任怨，有的埋头苦干、默默无闻，有的身扛重任、坚韧不拔，有的舍小家为大家……他们的故事也许不为我们所知，但正是因为有这样一群共产党人的知重负重、砥砺前行，才确保了“小康路上一个都不能掉队”，使全体人民朝着共同富裕的方向稳步前进。

## 用汗水和热血铸就了一个“人间奇迹”

党的十八大以来，以习近平同志为核心的党中央锚定全面建成小康社会目标，打赢了这场脱贫攻坚的人民战争，铸就了一个“人间奇迹”。截至2021年，现行标准下9899万农村贫困人口全部脱贫，832个贫困县全部摘帽，12.8万个贫困村全部出列，区域性整体贫困得到解决，完成了消除绝对贫困的艰巨任务。

第一，坚持以人民为中心，坚决打赢脱贫攻坚战，是中国共产党坚持立党为公、执政为民，践行全心全意为人民服务的根本要求。脱贫攻坚成绩怎么样，老百姓的感受最真切。近一亿贫困人口的收入水平显著提高，全部实现“两不愁三保障”（不愁吃、不愁穿，义务教育、基本医疗、住房安全有保障），饮水安全也都有了保障。新型农村合作医疗制度、大病保险制度、分类救治制度等，帮助因病致贫的家庭挺起了生活的脊梁。居民最低生活保障、特困和重残人群救助供养，给贫困群众兜了底，保障了基本生活。脱贫群众发自内心的感慨，“祖祖辈辈都没有想到能拔掉穷根”“日子一天比一天好，没啥愁心事了”“感谢党和政府最挂念咱们老百姓”……在脱贫攻坚取得全面胜利的基础上推进乡村振兴，继续创造人民的美好生活，又是一个新征程。

第二，贫困地区经济社会发展内生力显著增强。贫困地区经济社会发展既要靠国家的转移支付和发达地区的帮扶，也要不断激发自身发展的内生动力。脱贫攻坚使区域性整体贫困得到解决，贫困地区基础设施建设突飞猛进，经济实力不断增强，社会事业长足进步，发展步伐显著加快，整体面貌发生历史性巨变。贫困地区的教育、医疗、交通、通信、用水、用电等问题得到解决，闭塞和落后逐渐成为历史。这些历史性巨变为贫困地区的进一步发展奠定了坚实基础。

第三，脱贫攻坚不仅仅是贫困群众物质生活上的根本改变，而且还激发了他们自强不息、勤劳致富的精神力量。扶贫干部们把群众的事当作自己的事，不畏艰难困苦，处处显现出党员示范作用和先进本色。贫困群众看在眼里、记在心间，时间一长，他们坚信要用自己的双手去创造美好生活。“全国脱贫攻坚楷模”荣誉称号获得者赵亚夫，把百姓致富作为毕生追求，退而不休，他说：“有这么多农民需要我，我怎么歇得下来？”他的帮扶对象王巧娣感慨道：“赵主任风里来雨里去，帮着我们赚钱，却从不要我们一分钱，他就是我们江苏句容的孔繁森！”脱贫干部以自己的为民精神和人格魅力，让贫困群众的精神发生了从内而外的深刻改变。

第四，党员干部的扶贫工作，使领导干部与人民群众心连心。扶贫干部把贫困群众当亲人，与他们“结对子”“认亲戚”，不仅把党和政府的扶贫政策宣传到位、落在实处，而且与他们“交心”“用情”，了解他们的所思、所想，所忧、所盼。可以说，贫困群众记得扶贫干部走过的路，付出的心血，知道哪里有需要，哪里就有他们，哪里有困难，他们就能顶得上。扶贫干部都秉持这样的信念，“让我离农民近一点”“我是一个共产党员，我必须带领群众，拔掉老百姓的穷根。”贫困群众纷纷夸赞说，“党员带头上、我们跟着干、脱贫有盼头，共产党的干部是真心为老百姓服务的好干部”。

中国的脱贫攻坚取得了全面胜利，不仅为全球减贫事业做出了重大贡献，而且创造了减贫治理的中国样本。与此同时，中国积极开展国际减贫合作和交流，为亚非拉美等发展中国家提供直接援助，培训减贫人才，援建减贫项目，搭建减贫平台，贡献减贫方案和经验，有力推动了全球减贫事业的发展。

链接

从 2012 年拉开新时代脱贫攻坚序幕，到 2020 年底，中国如期完成新时代脱贫攻坚目标任务，现行标准下 9899 万农村贫困人口全部脱贫，832 个贫困县全部摘帽，12.8 万个贫困村全部出列，创造了又一个彪炳史册的人间奇迹！

2021 年 2 月 25 日，习近平总书记在全国脱贫攻坚总结表彰大会上发表重要讲话时指出，脱贫攻坚伟大斗争，锻造形成了“上下同心、尽锐出战、精准务实、开拓创新、攻坚克难、不负人民”的脱贫攻坚精神，号召全党全国全社会都要大力弘扬脱贫攻坚精神，团结一心，英勇奋斗，坚决战胜前进道路上的一切困难和风险，不断夺取坚持和发展中国特色社会主义新的更大的胜利。

# 参考资料

[1] 中共中央宣传部:《中国共产党的历史使命与行动价值》,北京:人民出版社 2021 年。

[2] 中华人民共和国国务院新闻办公室:《中国新型政党制度》,北京:人民出版社 2021 年。

[3] 中华人民共和国国务院新闻办公室:《人类减贫的中国实践》,北京:人民出版社 2021 年。

[4] 习近平:《在庆祝中国共产党成立 100 周年大会上的讲话》,《人民日报》2021 年 7 月 2 日。

[5] 习近平:《在全国脱贫攻坚总结表彰大会上的讲话》,《人民日报》2021 年 2 月 26 日。

[6] 习近平:《论中国共产党历史》,北京:中央文献出版社 2021 年。

[7] 中共中央党史和文献研究院编:《毛泽东邓小平江泽民胡锦涛关于中国共产党历史论述摘编》,北京:中央文献出版社 2021 年。

[8] 李君如:《中国共产党建设史》(上、下),福州:福建人民出版社 2011 年。

[9] 刘松汉:《锻造:党的建设一百年》,南京:江苏人民出版社 2021 年。

[10] 颜晓峰:《伟大建党精神与党的精神历程》,《马克思主义理论学科研究》2021 年第 8 期。

[11] 项久雨:《制度化的“身份”: 初心与使命对中国共产党人身份的内在规定》,《教学与研究》2020 年第 9 期。

[12] 仝华:《对党忠诚、不负人民是伟大建党精神之根》,《思想教育研究》2021 年第 7 期。

[13] 朱佳木:《对党绝对忠诚是共产党人应有的政治品质》,《党建》2018 年第 9 期。

[14]《第一届中央监察委员会的诞生》,《新长征》2018 年第 5 期。

[15]《第一届中央监察委员会十名监委的故事》, 中央纪委监察部网站, https://www.ccdi.gov.cn/yaowen/201309/t20130921_129285.html。

[16] 王飞:《“品重柱石”励后人——中央监察委员会首任主席王荷波的精神传承》,《福建党史月刊》2018 年第 5 期。

[17] 陈晓声:《直面腥风血雨的猛士——追忆我党第一个纪律检查机构中央监察委员会首任主席王荷波》(下),《中国纪检监察报》2011 年 6 月 14 日。

[18] 田艺欣, 王荷波:《中共党史上牺牲的第一个纪检干部》,《先锋队》2011 年第 14 期。

[19] 孟红, 杨匏安:《对党“公忠不可忘”的先驱》,《北京日报》2021 年 5 月 24 日。

[20] 曾成贵:《鹃血忠魂: 许白昊》, 北京: 中国工人出版社 2017 年。

[21] 裴高才, 肖咸焱:《“铸剑”先驱·蔡以忱》(修订本), 北京: 中国社会科学出版社 2021 年。

[22] 陈其明:《阮啸仙审计惩腐记》(上、下),《党史纵览》2017年第7–8期。
[23] 李树泉:《阮啸仙:党的审计事业的开拓者》,《党建》2021年第1期。
[24] 吴豪,封志良:《萧石月:工人运动的杰出领导人》,《湘潮》2021年第5期。
[25] 刘功虎,鞠皟,蒋太旭等:《首届中央监察委员会成员后人:传承他们的忠诚与献身精神》,《长江日报》2017年6月29日。
[26] 张树军,王相坤,丁守卫编:《中华先烈人物故事汇:毛泽民》,北京:学习出版社2020年9月。
[27] 墨铃:《毛泽民"红色大管家"》,《新湘评论》2021年第2期。
[28] 付秀宏,刘春光:《毛泽民的金融生涯》(上、下),《金融经济》2019年第5期、第7期。
[29] 朱旦华:《毛泽民夫人朱旦华访谈录》,北京:人民文学出版社2014年。
[30] 曹宏:《"我愿是这黑暗社会里的一颗流星"——忆外公毛泽民》,《湘潮》(上半月)2016年第6期。
[31] 朱与墨:《毛泽民财经统战工作实践与贡献》,《湖南省社会主义学院学报》2018年第3期。
[32] 赵俊清:《杨靖宇传》,哈尔滨:黑龙江人民出版社2015年。
[33] 宋晓杰:《战斗在冰天雪地——杨靖宇》,太原:希望出版社2019年。
[34] 姜辣:《杨靖宇》,长春:吉林文史出版社2011年。

[35] 王霜:《杨靖宇和中共第一个县级农工政权》,《炎黄春秋》2017 年第 10 期。

[36] 荣维木:《白山黑水慰忠魂——记抗日英雄杨靖宇将军》,《炎黄春秋》1995 年第 5 期。

[37] 康鹏:《抗日英雄杨靖宇牺牲之后》,《党史纵横》2012 年第 6 期。

[38] 李敏:《杨靖宇烈士身后事》,《文史春秋》2018 年第 2 期。

[39] 祝辉:《杨靖宇:东北抗战的精神符号》,《军事史林》2020 年第 5 期。

[40] 刘信君:《威武不屈的杨靖宇精神》,《新长征》2021 年第 6 期。

[41] 刘颖:《杨靖宇:百战死沙场 碧血耀千古》,《党建》2020 年第 9 期。

[42] 穆青,冯健,周原著:《县委书记的榜样——焦裕禄》,北京:中国言实出版社 2014 年。

[43] 张全景,张文名,周长安主编:《焦裕禄在兰考的 470 天》,郑州:中州古籍出版社 2013 年。

[44] 成靓:《焦裕禄:人民的好公仆》,《党建》2021 年第 5 期。

[45] 何香久:《百部红色经典:焦裕禄》(修订版),北京:北京联合出版有限公司 2021 年。

[46] 焦裕禄干部学院编著:《永恒的丰碑——焦裕禄的故事(群众路线教育实践活动教材)》,郑州:大象出版社 2014 年。

[47] 高建国:《大河初心——焦裕禄精神诞生的风雨历程》,北京:作家出版社 2020 年。

[48] 焦守云:《我的父亲焦裕禄》,北京:人民日报出版社 2016 年。

[49] 焦守云:《父亲焦裕禄留给我们的家风》,《党建》2018 年第 8 期。

[50] 赵瑜:《焦裕禄家风》,郑州:河南文艺出版社 2018 年。

[51] 中央创先争优活动领导小组办公室编:《杨善洲的故事》,北京:党建读物出版社 2011 年。

[52] 边四光,王有江编著:《共产党人的精神家园——杨善洲植树造林的故事》,北京:中国林业出版社 2011 年。

[53] 石磊,蔡雁编著:《杨善洲精神及时代价值》,北京:高等教育出版社 2014 年。

[54] 李自良编著:《杨善洲的 100 个故事》,北京:新华出版社 2011 年。

[55] 张严平,杨跃萍,姜洁,宣宇才:《一个共产党人的一辈子——追记云南省原保山地委书记杨善洲》,《晚霞》2011 年第 7 期。

[56] 杨光银:《坚定信念保本色 善洲故里先锋行》,《保山日报》2019 年 2 月 19 日。

[57] 张光雄:《杨善洲精神:为民务实清廉的坐标》,《云南日报》2014 年 2 月 21 日。

[58] 程三娟:《杨善洲事迹是主题教育的鲜活教材——杨善洲同志先进事迹采访报道工作手记》(上、下),《社会主义论坛》2019 年第 8 期、第 9 期。

[59] 杨善洲精神研究课题组:《学习杨善洲“心在人民 利归天下”精神》,《社会主义论坛》2018 年第 8 期。

[60] 天和:《红色人生——劳模申纪兰》,太原:山西教育出版社

1999 年版。

[61] 王鸿谅:《申纪兰：劳动就是解放》,《新湘评论》2010 年第 10 期。

[62] 孙迪:《申纪兰：人民的代表》,《党建》2021 年第 10 期。

[63] 申纪兰口述，李中元，刘晓丽编:《口述申纪兰》，北京：人民出版社 2017 年。

[64] 李中元，杨茂林:《西沟口述史及档案史料（1938–2014）口述史》（卷一），北京：人民出版社 2017 年。

[65] 马社香:《抚今忆往 60 年：担任历届全国人大代表的经历和感受——申纪兰访谈录》,《党的文献》2009 年第 6 期。

[66] 晓晋:《申纪兰首倡“男女同工同酬”》,《党史文汇》2000 年第 10 期。

[67] 岳续明:《“太行英雄”申纪兰》,《文史春秋》2001 年第 1 期。

[68] 郭琦镖:《申纪兰：人民代表大会的“活化石”》,《先锋队》2013 年第 10 期。

[69] 上海市高级人民法院编写，严剑漪执笔:《邹碧华传》，上海：上海人民出版社 2015 年。

[70]《模范法官邹碧华》,《求是》2015 年第 5 期。

[71] 叶竹盛:《“邹碧华现象”的启示》,《南风窗》2015 年第 1 期。

[72]《邹碧华同志先进事迹报告会发言摘编》,《人民日报》2015 年 3 月 3 日。

[73] 周立，彭瑜:《“时代楷模”毛相林：天坑下庄的开路人》,《党员文摘》2021 年第 1 期。

[74] 张兆琪:《一针一线绣出美好生活——记全国脱贫攻坚楷模白

晶莹》,《中国民族》2021 年第 9 期。

[75] 韩沁言，热依达:《全国脱贫攻坚楷模刘虎：让乡亲们吃上甜水，此生无憾》,《新疆日报》2021 年 2 月 26 日。

[76]《全国优秀共产党员张桂梅——忠诚执着守初心 无私奉献担使命》,《党建研究》2021 年第 1 期。

[77] 沈建华，姜瑾华，刘俊逸，毕风兰，解科成:《把成绩写在大地上——“全国脱贫攻坚楷模”赵亚夫六十载栉风沐雨“务农”记》,《江苏农村经济》2021 年第 4 期。

[78] 覃蔚峰:《黄文秀：用生命谱写青春赞歌》,《当代广西》2021 年第 14 期。